静坐禅

时间岛◎编

国文出版社

·北京·

图书在版编目（CIP）数据

静坐禅 / 时间岛编. -- 北京：国文出版社，2025.
ISBN 978-7-5125-2087-5

Ⅰ．B946.5；R212

中国国家版本馆 CIP 数据核字第 2025JT4120 号

静坐禅

编　　者	时间岛
责任编辑	罗敬夫
责任校对	张　羽
出版发行	国文出版社
经　　销	全国新华书店
印　　刷	三河市同力彩印有限公司
开　　本	710毫米×1000毫米　　16开 9印张　　　　　　　　116千字
版　　次	2025年8月第1版 2025年8月第1次印刷
书　　号	ISBN 978-7-5125-2087-5
定　　价	59.90元

国文出版社
北京市朝阳区东土城路乙 9 号　邮编：100013
总编室：（010）64270995　　传真：（010）64270995
销售热线：（010）64271187
传真：（010）64271187-800
E-mail: icpc@95777.sina.net

 简单易行的生活方式

人人需要静坐......................................2

生命能量静静积蓄..................................7

静坐与睡眠的关系..................................9

静中有动的松弛感..................................12

快乐生活的幸福感..................................15

让静坐成为一种习惯................................17

目录

🪭 内外兼修的养生之法
快速改善体态和气质 20

释放压力和负面情绪 24

对生命的深度认知 28

🪭 精神提升的修行方式
静坐之间提升专注力 34

沉静大脑提升思考力 37

智慧激发创造力 40

🪭 静坐前的准备工作
适宜的静坐环境与时间 44

静坐垫有讲究 51

静坐前的身体放松 54

适度的心理调试 65

静坐前后的饮食、坐卧调和 68

有条不紊练静坐

迅速入静的方法 86

六字诀养生祛病法 88

冬季静坐注意事项 91

传统静坐姿势七支坐法 94

练习双盘有技巧 100

静坐呼吸调好心 103

静坐关联日常生活 112

练好静坐的要诀 116

 静坐结束观后效

结束调整需按摩 120

静坐的反应 125

静坐效果的判断标准 132

附录：静坐诗抄 134

静坐冥想引导词 137

行

简单易行的生活方式

人人需要静坐

> 读书闲暇,且静坐,教他心平气定,见得道理渐次分晓。
>
> ——[宋]朱熹

在快节奏的当代生活中,人们承受着来自各方面的压力,身心时常感到疲惫不堪。在寻求内心宁静与身体健康的道路上,一种古老而有效的方法——静坐逐渐受到广泛关注。从古至今,静坐作为调养身心的方式,备受世人推崇,它跨越时空,为不同时代的人们带来身心的滋养。

在我国,静坐养生的传统源远流长,最早可追溯至黄帝时期。《庄子·在宥》中曾记载,黄帝曾向广成子请教长寿之法,广成子回答道:"无视无听,抱神以静,形将自正。必静必清,无劳女形,无摇女精,乃可以长生。"他的意思是,减少外界的干扰,使心神保持安定,自然能够达到平衡身心,延年益寿的目的。这段论述不仅描绘了静坐的真实体验,更揭示了其对养生和心灵修炼的重要意义。自此,静坐便在历史的长河中生根发芽,成为佛、儒、道三家共同推崇的修身养性之法。

前人的静坐

在古代,静坐不仅是修身养性的手段,更是众多贤达之士用来探究宇宙真理、提升自我认知的方式。得益于静坐的修炼，许多知名文人、学者在学术、艺术乃至科学等方面均取得了显著的成就。

白居易：静坐疗疾，安养身心

唐代诗人白居易，晚年因健康状况不佳，尝试将药物治疗与静坐养生相结合，收获显著。他在诗作《在家出家》中提到："中宵入定跏趺坐，女唤妻呼多不应。"这里的"跏趺坐"正是盘腿打坐的姿势，也是修禅的重要方式。这种坐姿不仅可以调整气息，增强身体的自愈能力，还能够培养专注力，使人更加沉稳。

苏东坡：静坐修身，洞察世事

北宋文学大家苏东坡，认为静坐能助人安定身心、激发智慧，使人在面对世事变迁时，依然保持从容淡定。某日，苏东坡静坐后有所悟，便作诗一首："稽首天中天，毫光照大千。八风吹不动，端坐紫金莲。"并请书童送至佛印禅师处。佛印仅在诗后批下"放屁"二字，苏东坡大为恼火，径直过江去质问。谁知佛印早有准备，留下一句话："八风吹不动，一屁过江来。"这让苏东坡顿悟，意识到自己修炼静坐的功夫还没到家，仍未达到真正的内心平和。这一故事成为千古流传的禅修公案。

曾国藩：静坐养德，锻炼心性

晚清名臣曾国藩，在老师唐鉴的建议下，以"静坐"作为自我提升的重要途径。他通过持续的静坐修行，成功改掉了不少不良习惯，不仅戒掉了烟瘾，性格也变得更加沉稳。即便在军务繁忙、公务缠身的情况下，他也始终坚持静坐，将其视为修身养性的关键。

郭沫若：静坐养病，改善睡眠

到了近代，文坛巨匠郭沫若也曾借助静坐改善自己的身体状况。1914年，郭沫若赴日本留学，期间患上了严重的神经衰弱，彻夜难眠，头脑昏沉，学习和生活受到极大影响。后来，他偶然读到关于静坐养病的方法，便开始尝试早、晚各静坐30分钟。没想到，仅仅两周后，他的睡眠质量就得到了显著改善，胃口也变好了，精神状态焕然一新，这为他之后的文学创作和学术研究奠定了坚实的基础。

现代社会中的静坐

如今，静坐这种古老的养生方法正风靡全球，广泛应用到生活的各个领域。

个人层面的静坐

1. 心理健康与情绪管理

在快节奏的现代生活中，焦虑、抑郁等心理问题日益普遍。静坐作为一种内观的修行方法，被证明对缓解这些问题具有积极作用。通过静坐，个体可以培养对自身情绪的觉察力，学会以平和的心态面对生活中的挑战。

2. 专注力与创造力的提升

静坐有助于集中注意力，减少外界对思维的干扰。这种专注力的提升，不仅有利于提高工作效率，还能激发创造力，使人更容易产生新的想法和解决问题的方案。

3. 身体健康的促进

研究显示，静坐可以降低血压，增强免疫系统功能，改善睡眠质量。通过调节呼吸和放松身心，静坐对整体健康产生积极影响。

组织与企业中的静坐

1. 企业文化与员工福利

一些前瞻性的企业将静坐纳入员工福利计划,设立专门的静坐室或组织静坐课程,帮助员工缓解压力,提升工作满意度。这种做法不仅有助于员工的身心健康,还能营造积极的企业文化,增强团队凝聚力。

2. 领导力与决策能力

团队领导通过静坐,可以培养冷静、客观的思维方式,在复杂多变的商业环境中保持清晰的头脑,提高决策的准确性和前瞻性,从容应对各种挑战。

教育领域的静坐

1. 学生的专注力与情绪管理

在一些学校,静坐被引入课堂,成为培养学生专注力和情绪管理的工具。通过短时间的静坐练习,学生能够更好地集中注意力,减少焦虑,提高学习效率。

2. 缓解教师的职业倦怠

教师作为高压力职业群体,容易出现职业倦怠。静坐练习可以帮助教师调节情绪,缓解压力,提升教学质量和职业满意度。

社区与社会层面的静坐

1. 社区健康计划

许多社区通过组织免费或低成本的静坐课程,促进了居民的身心健康,增强了社区凝聚力。这些活动为居民提供了交流的平台,营造了和谐的社区氛围。

2. 社会和谐与犯罪预防

研究表明，静坐练习可以减少个体的攻击性行为，促进社会和谐。在一些国家，静坐被纳入犯罪预防和矫治改造计划中，以帮助犯罪者重塑心灵，回归社会。

静坐这种简单易行却又蕴含无限智慧的生活方式，不仅能够滋养身体，更能开启智慧、增进心智。通过坚持静坐训练，我们能够实现身心的和谐与统一，让生命焕发出更加绚烂的光彩。在现代社会中，我们应该更加重视静坐这一传统养生方法，将其融入日常生活中去，让自己的身心得到更好的滋养与保护。

静心小贴士

古典音乐尤其是巴赫、莫扎特、贝多芬等作曲家的作品，具有复杂的和声与丰富的节奏，可以激发多种情感反应，帮助人们放松身心，缓解焦虑和压力，还能引发强烈的情感共鸣，帮助听众释放情绪。

生命能量静静积蓄

夫物芸芸,各复归其根。归根曰静,是谓复命。

——[春秋]老子

静坐作为一种祛病保健、调养身心的方法,可以帮助我们调整自己的情绪,激发内在的动力与潜能,从而使生命焕发出生机。

当我们进入静坐状态时,思想会逐渐专注于某一事物,呼吸也随之变得平缓。这种稳定的状态对血压的调节十分有益。同时,身体在静坐时的能量消耗减少,血液能更高效地为身体输送氧气和营养,同时加速代谢废物排出,对提升器官功能、增强免疫力、调节体温及改善整体健康有重要作用。实践观察,静坐可以缓解调节以下顽固症状或慢性疾病。比如肝火旺盛、口干舌燥、头晕眼花、伤风感冒、冬天畏冷、夏天怕热、风湿骨痛、神经衰弱、气血失调、失眠健忘、消化不良、贫血体弱、阴虚火盛、消瘦孱弱、高血压、肺结核、胃下垂等。

有一个初三的孩子,由于学习紧张、用脑过度,得了严重的神经衰弱,整天无精打采,和同学相处时,稍有不顺心,就会发脾气。他曾经在专门的神经科门诊和中医院进行治疗,效果不佳。孩子学习成绩一路下滑,家

长也很苦恼。

后来，有专家给了孩子这样的建议：每天早上起床后和晚上睡觉前练习静坐，每次30分钟。具体做法是：端坐床上，双腿平放，两脚分开。头颈直立，下颌微收，两肩下垂，全身放松，闭目闭口，舌尖抵上腭，两手交叉放于腹部，两拇指按于肚脐上，然后排除杂念，用腹式呼吸。同时，将意识集中在丹田上。静坐结束后，两手搓热，按摩面颊和双眼以活动气血。

令人意想不到的是，孩子静坐了一段时间，晚上就能顺利入睡了，白天也精神了很多，后来顺利考上了重点高中。

静心小贴士

一个健康的人在皮肤受伤后，身体的免疫系统、细胞修复机制会迅速启动，白细胞会聚集到伤口处清除细菌，成纤维细胞会合成和分泌胶原蛋白等物质来修复组织，这种自我修复的能力与身体的能量状态密切相关。如果身体能量不足，如老年人或者体弱多病的人，自愈过程可能会比较缓慢。

静坐与睡眠的关系

　　日间工夫，觉纷扰，则静坐。

　　　　　　　　　　　　——[明]王阳明

　　情绪往往是导致失眠的重要因素。当一个人遭遇挫折，如职业失败，人际关系破裂，或其他令人心烦意乱的情况时，最好的治疗方法就是静静地休息。比如，每天晚上睡觉前进行15至20分钟的深呼吸静坐，能够使大脑从白天的紧张思绪中解脱出来，帮助进入睡眠状态。而且，静坐过程中对呼吸的调节也有助于睡眠时呼吸的平稳，减少夜间醒来的次数。

　　生活的不如意常常给人带来压力，进而引发焦虑、抑郁等心理健康问题。刚毕业的小吕对未来职业发展非常担忧，后来，他成为静坐的受益者，成功摆脱了压力的困扰。我们一起来听听小吕的故事吧！

　　刚毕业那年，小吕一边忙着找工作，一边忙着考试，天天晚上熬到凌晨1点才躺下。他躺在床上就像烙饼一样折腾一个多小时才能睡着，早上又经常凌晨5点就醒了。睡眠不足导致他白天没有精神，经常头晕、口干。那段时间，他的情绪非常不稳定，面试总是被拒，内心非常沮丧。

他曾去看医生，医生把脉之后给了他建议："你这种情况，明显是因为近期精神紧张、压力大，心火上浮导致的。"他从医院拿回去一兜中药，开始调理身体。

两周后，药吃完了，他的状况似乎没有太大的改善。

一个好朋友带他开启了静坐模式："你最近的情况主要是心理原因造成的，跟我练两周静坐吧，每次静坐30分钟，早晚各一次，保管有效。"

好朋友只教了他一个简单的动作，他坚持了一个星期后，睡眠质量明显提高。

他对好朋友说："能睡个好觉真是太棒了。这简简单单的静坐真是个好方法！"

朋友鼓励他趁热打铁："既然有了效果，以后每天都坚持静坐，保证会获得更大的益处。"

经过不断坚持，睡眠改善的小吕注意力和记忆力都有了很大提升，他认真学习，从内而外散发着自信的光芒。功夫不负有心人，随着他的努力付出，他获得了一份不错的工作。

现代都市生活中，像小吕这样的人简直太多了。职场中打拼的精英每天都像上满发条的闹钟，紧张、焦虑、烦闷充斥内心，饱受失眠困扰，却始终没有找到一种真正修养的方式。你知道吗？有效静坐的功效与睡眠不相上下。

报告显示，人在睡眠时，一切组织器官的机能逐渐疲弱，甚至陷入停顿状态。心脏的跳动，也减少20%左右，呼吸虽较清醒时深长，但肺部吸入的量比清醒时少，肠胃消化能力也降低，脑中枢活动效率变慢。

静坐的生理状况与睡眠不同，静坐时呼吸深长，肺吸入量比没有静坐时多得多，体温上升，胃肠蠕动力增强，所以在静坐时，腹中雷鸣是自然现象，而不是什么危险信号。

静坐，是治愈一切的良药。如果你累了、烦了、倦了，不如放空自己，找个地方每天静坐一下，重启生活，让自己闪闪发光。

静心小贴士

熬夜时，免疫系统的正常工作流程被打乱。白细胞是免疫系统的重要组成部分，它们在抵御病原体入侵过程中发挥关键作用。熬夜会使白细胞的活性和数量受到影响，降低身体的免疫力，让人更容易患上流感等各种感染性疾病。而且，长期熬夜还会影响免疫系统的记忆功能，使得身体抵抗力下降。

静

静中有动的松弛感

静中静非真静，动处静得来，才是性天之真境。

——[明]洪应明

在快节奏的现代生活中，人们往往倾向于追求那些显而易见的动态锻炼方式，如跑步、游泳、健身等，却容易忽视静坐这种看似"静止不动"的锻炼形式。然而，静坐并非简单的静止，它实际上是一种全身心、深层次的锻炼，为内脏器官和肌体带来不可小觑的益处。

静坐时，我们的身体仿佛进入了一个宁静的港湾，但这份宁静并非死寂，而是蕴含着勃勃生机。心、肝、脾、肺、肾以及神经系统，在静坐的过程中都经历着微妙而重要的调整。

心脏：静中的节奏调整

在静坐状态下，我们通过呼吸来调整心率，减轻心脏的负担。每一次深呼吸都像是在为心脏做一次轻柔的按摩，帮助它恢复应有的节律。这种调整不仅有助于心脏健康，还能让全身的血液循环变得更加顺畅，为身体各部位输送更多的氧气和营养。

肺脏：呼吸的深层净化

静坐中的深呼吸不仅是对心脏的抚慰，更是对肺脏的一次深层净化。随着吸气和呼气，肺部不断地进行气体交换，氧气进入肺泡，再通过血液循环被输送到全身各处，同时二氧化碳从血液中释放出来，通过肺泡壁进入肺泡，最终被呼出体外。这一过程如同一个内部的"呼吸工厂"，时刻保持着生命的活力。

脾胃：消化功能的提升

静坐对脾胃功能的调节同样不容忽视。通过静坐，我们能够促进消化液的分泌和胃肠的蠕动，从而缓解消化不良、胃痛、腹胀等症状。这种内在的调节不仅让身体更加舒适，还能提升我们的食欲和营养吸收能力，为身体的健康打下坚实的基础。

肝脏：情绪的舒缓与释放

肝脏在中医理论中被称为"将军之官"，主疏泄而藏血。静坐时，通过放松身心，我们能够减轻肝脏的负担，让情绪得到充分的释放和舒缓。这种情绪的调节对于肝脏的健康至关重要，也能帮助我们更好地应对生活中的压力和挑战。

肾脏：功能与活力的增强

肾脏作为人体的"先天之本"，其健康直接影响着我们的生命力。静坐时，我们通过调整呼吸和意守丹田来锻炼肾脏功能，增强肾脏的排毒能力。这种内在的锻炼方式不仅简单易行，而且效果显著，值得我们长期坚持。

神经系统：内在的和谐与平衡

静坐对神经系统的益处同样不容小觑。在静坐冥想的过程中，大脑会

产生相应的脑电波，神经元之间通过电信号和化学信号进行信息传递，调节身体的各种生理功能。这种内在的和谐与平衡不仅有助于提升我们的专注力和思考能力，还能让我们在面对外界干扰时保持内心的平静和稳定。

　　静坐不仅对身体内脏器官有着显著的益处，还能帮助我们达到身心的和谐，让我们更加深入地理解生命的本质和意义。要想真正体验到静坐带来的益处，我们需要将其融入日常生活中去。无论是早晨起床后的片刻宁静，还是晚上睡觉前的放松时光，我们都可以选择静坐来调整身心。在这个快节奏的时代里，让我们放慢脚步、静下心来，感受那份静中有动的松弛感吧！

静心小贴士

　　不良的生活方式对血液循环系统会有直接和间接的影响。长期吸烟会使血管收缩，增加血液黏稠度，引发血栓。缺乏运动也会导致血液循环不畅，心脏功能减弱。另外，环境污染、高海拔等环境因素也可能对血液循环系统产生影响。例如，在高海拔地区，由于氧气稀薄，人体的血液循环系统会加速运转，以适应低氧环境。

快乐生活的幸福感

无可行时,且去静坐。

——[宋]程颢

人心难安,常源于欲望纷扰。在当下这个充满诱惑的社会中,工作上的竞争、生活中的琐事、社交圈子的比较,无一不在激发着人内心深处的欲望。我们渴望更多的财富、更高的地位、更美好的生活,这些欲望如同潮水,汹涌而来,让我们难以保持内心的平静与安宁。

下面这个商人的故事,值得我们深思。

有一个商人为了追求财富和成功,每天熬夜加班,吃饭也不规律。他一心想着赚更多的钱,为此牺牲了自己的健康。他每天都要应酬各种客户,为了达成交易,经常陪客户喝酒、抽烟。虽然他知道这样对身体不好,但他觉得这是成功的必要代价。慢慢地,他的身体开始出现各种问题,经常感到头晕、胃痛,还患上了高血压和心脏病。

他的妻子劝他注意身体,不要过度劳累,但他根本听不进去。他认为只要赚到足够的钱,就可以享受一切。然而,他的身体越来越差,最终卧床不起。他失去了健康,也失去了曾经拥有的一切。

商人因为欲望静不下心来，失去了内心的宁静与力量，也失去了真正的自由与幸福。我们的身体需要沐浴、食物和药物；我们的心也一样，需要借助静坐来洗涤它。

静坐可以帮助我们认知欲望的本质，并提醒我们追求更深层次的精神满足。我们唯有主动调整自己的生活状态，保持内心的深度觉察，才能让欲望不再支配我们，让内心回归宁静和纯净。有研究显示，通过短期的静坐训练，人们能够明显提升正向情绪，同时减少破坏性的欲望。

当今社会，节奏快、压力大，我们的情绪时常波动，所以，请大家静坐吧！我们在原有生活的基础上，只需要借助静坐的练习，就能够冷静地面对现代生活的压力。不断地练习静坐，将会帮助我们面对生活的困境。

静心小贴士

佛家中的三毒是指贪、嗔和痴。这三者被称为"三毒""三垢""三火"，是佛教认为导致众生轮回和痛苦的主要原因。具体来说：

贪：对美色、美食、财物的过度追求会导致身心受损。

嗔：由厌恶而产生的愤恨、恼怒和仇视会影响心理健康，导致情绪不稳定。

痴：错误的认知会导致是非不明，善恶不分，从而陷入痛苦。

让静坐成为一种习惯

> 每见学者静坐，便叹其好学。
>
> ——[宋]程颐

医学实验证明，人在静坐时，脑电波呈现为曲线圆润的α波，表明无焦虑、无紧张的状态；而理性思考或紧张时，脑电波则多为β波，节奏如密集锯齿。静坐能让脑波从β波转为α波，实现身心的宁静，进而让思虑更为周全。正如《大学》所言："静而后能安，安而后能虑，虑而后能得。"

苹果公司创始人史蒂夫·乔布斯曾言："静坐观察内心，会发现头脑焦躁。若强行平静，只会更糟，但时间会让内心沉静。此时，内心便有了空间去聆听微妙之声，直觉变得敏锐，看事更透彻，感受更真实。心灵平静让视野拓宽，看见以往未见之物。这是一种修行，需不断练习。"乔布斯的话语，道出了静坐对于平和内心与提升洞察力的重要性。世间纷扰，苦痛繁多。当你静坐日久，生离死别，求而不得等苦恼就很难干扰你。因为天长日久的修炼，会让你拥有定力，在处理日常工作和生活琐碎时不会再偏执。翁同龢曾经写过一副有名的对联："每临大事有静气，不信今时

无古贤。"静坐生出的定力，能在遇事时临危不乱。

　　静坐如"聚光取火"和"滴水穿石"，是专注力和忍耐力的一种最好的修炼。苏东坡诗云："与可画竹时，见竹不见人，岂独不见人，嗒然遗其身。"这样集中心力于一处，治学便能深造。真是"精诚所至，金石为开"。静坐就要有这股钻劲，精神集中才能静心，静心才可养心延年。

　　成功之道在于坚持，日复一日，年复一年，"只要功夫深，铁杵磨成针"。在静坐时，人宜排除一切杂念，集中力量并坚持下去，心净身亦静，才得真安乐。

　　静，是一种大智慧。静坐，是一个好习惯。只要我们每天坚持静坐，生命的改变会自然发生！

静心小贴士

　　头脑风暴是由美国广告策划人亚历克斯·奥斯本于1939年提出的一种非常有效的激发群体创造力的方法。头脑风暴，是指一群人围绕一个特定的问题或主题，在无拘无束、轻松自由的氛围中，通过畅所欲言的方式，快速地提出大量的想法和观点，然后再对这些想法进行整理、分析和筛选，以创新解决方案的方法。

养

内外兼修的养生之法

静

快速改善体态和气质

知止而后有定，定而后能静，静而后能安，安而后能虑，

虑而后能得。

——《礼记·大学》

现代生活节奏快，人们面临着各种各样的压力，如工作压力、经济压力和人际关系压力等。当压力过大时，很多人会通过食物来寻求安慰和满足。压力还会影响身体的激素分泌，如肾上腺素、多巴胺、皮质醇等，皮质醇会促使身体储存脂肪，尤其是腹部区域。长期处于压力状态下，身材就容易变形。

对上班族来说，午餐在公司速战速决，到了晚上因为时间充足又变成暴饮暴食。暴饮暴食最直接的危害是体重增加。过多的热量摄入会使身体将多余的能量转化为脂肪储存起来。肥胖又会引发一系列慢性疾病，如心血管疾病、糖尿病、高血压等。同时，暴饮暴食还会对消化系统造成损害，可能会引起消化不良、胃炎、胃溃疡等疾病。

程序员小张就因为紧锣密鼓的项目导致身体出现了问题。小张在一家互联网公司工作，当项目接近截止日期时，他每天都要长时间坐在电脑前

调试代码。巨大的工作压力让他感到焦虑和疲惫。每次工作到深夜，他都会点一份高热量的外卖，比如炸鸡套餐，而且会把套餐里的食物全部吃光。他自己也知道这样的饮食方式不健康，但他发现只有在吃东西的时候，才能暂时从紧张的工作氛围中解脱出来，让自己的大脑得到片刻的放松。随着项目周期的推进，他的体重逐渐增加，身体也出现了一些小问题，如消化不良和便秘。

当需要通过食物释放压力的时候，我们不妨先静坐，放松身心，让大吃大喝的念头沉淀下来再进食，这样有助于放慢进餐速度，细嚼慢咽。长期坚持，食量就会逐渐减小，进而告别"水桶腰"和"大象腿"。良好的体态、健康的肤色等身体特征会让人更有气质。生活中，一个人身材挺拔，行走时姿势端正，就会给人一种自信、有气质的感觉。而如果一个人总是弯腰驼背，就会显得萎靡不振。我们来看一个非常励志的故事：

静坐不仅能够帮助我们平复躁动，还能从根本上改变一个人的精神面貌。长期坚持静坐的人，内在气质会变得更加沉静，举手投足间展现出优雅、恬静和柔和的美感。一个人内在的精神越柔和，情绪越稳定，外在呈现出来的气质也越美好。

潇潇是一位专业的芭蕾舞者，曾经在舞台上光芒四射，但遭遇了一次严重的脚踝受伤，长时间的休养不仅使她技艺生疏，还让她陷入了自我怀疑和焦虑的情绪之中。身体上，由于卧床和缺乏运动，她的肌肉松弛，体态臃肿，失去了舞者应有的灵动与挺拔。很长一段时间，她的内心充满了对舞台的渴望和对伤痛的哀怨。

在康复期间，她开始尝试静坐。最初，她的心总是难以平静。但随着一天天的坚持练习，她在静坐中逐渐找回内心的安宁，开始正视自己的现状。

慢慢地,她发现自己的身体感知力变强了,能够精准地觉察到每一块肌肉的状态。于是,在日常的康复训练之外,她开始借助静坐调整身姿,重新激活核心肌群。一段时间后,她的体态就恢复了往昔的优雅,当她再次站在镜子前,镜子中的她身姿轻盈,脊背挺直,肌肉紧致。更重要的是,她的气质中多了一份历经磨难后的沉稳与坚韧,重返舞台时,她用精湛的表演赢得了观众更热烈的掌声……

潇潇用自己的努力和汗水开启了艺术生涯的新篇章。

静坐中的双盘坐姿可以快速地塑造美好体态。双盘不但可以稳定身体内部杂乱的气息,更可以快速减掉身体的赘肉。练习双盘的人,很容易保持腰部、臀部、大腿和小腿部位的优美曲线,拉长上半身线条,缩短下半身长度,从而达到协调效果。

吴大爷退休后，生活从往日的忙碌变得慵懒。很长一段时间，他每天坐在沙发上看电视、打盹，体态显得佝偻无神，精神也萎靡不振。

后来，吴大爷跟着社区的老年活动班学习静坐养生。一开始，他觉得枯燥，坐不住，但在老师的耐心指导下，他慢慢掌握了窍门。每天的定时静坐，让他的生活有了新的动力。在静坐中，他专注于气息的流转，感受身体的变化。不懈的努力换来了体态的显著改善，原本弯曲的脊背逐渐挺直，走路不再拖沓，而是昂首挺胸，步伐稳健。气质上更是焕然一新，眼神变得平和、深邃，脸上时常带着淡淡的微笑，仿佛岁月的沧桑都化作了内心的宁静。

静坐，让吴大爷获得了优雅的晚年生活。

 静心小贴士

当摄入的热量远远超过身体消耗的热量时，多余的热量就会以脂肪的形式储存起来，导致体重增加和身材变形。例如，经常食用高热量、高脂肪、高糖的食物，像油炸食品（炸鸡、薯条）、甜品（蛋糕、冰淇淋）等，会更容易出现肥胖问题。

释放压力和负面情绪

无事此静坐，一日似两日。

——[宋]苏轼

身体的神经系统是情绪与思维产生的基石，要根治精神层面的困扰，首要的切入点便是身体。压力、焦虑、烦躁与不安等情绪，最初皆由身体内的神经系统所感知，而后才被个体所意识。神经系统犹如一张庞大的网络，覆盖全身。一旦身体的某一部位发生病变，神经系统所接收的信号便会发生异常，这些异常信号随后传递至大脑，引发对健康不利的感受，进而导致消极的思维与行为模式。因此，在应对精神问题时，我们不可忽视身体层面的调理。只有从根本上维护神经系统的健康，才能有效缓解负面情绪，促进身心的和谐与平衡。

练习静坐会从根本上使我们的神经系统松弛平和。静坐就好像是给我们的神经系统进行专业的按摩，它舒服了，才不会影响我们的情感和思想。静坐过程中，大脑的神经活动会发生变化。其中，血清素（5-羟色胺）的分泌会受到积极影响。血清素是一种重要的神经递质，它产生于脑干的缝核，并投射到大脑的各个部位。当我们静坐时，身体处于放松状态，这种状态

会刺激血清素神经元，使其释放更多的血清素。血清素对情绪、睡眠、食欲等多种生理功能有显著影响。许多人通过10分钟的静坐，就能立刻感受到紧张的情绪得到舒缓，烦躁的心情趋于平静。我们来听听画家吴丽的故事，感受静坐带给她的力量。

吴丽是一位才华横溢却鲜为人知的画家，多年来一直在艺术道路上孜孜精进。她为了迎合市场需求，不断改变自己的绘画风格，却始终得不到认可，经济上也入不敷出。长期的压力和屡次碰壁带来的负面情绪让她陷入了创作的困境。

有一天，她在郊外偶然发现了一个废弃的小屋，周围静谧的自然环境让她瞬间有了想要静一静的冲动。她走进小屋，坐在布满灰尘的地上，闭上眼睛，开始深呼吸。起初，各种杂念纷至沓来，有不甘，有担忧，但随着呼吸逐渐平稳，她尝试着放空思绪，只专注于当下的感觉。她在小屋里待了大约三个小时，当她再次睁开眼睛时，内心仿佛被一场春雨洗涤过一般，变得格外平静。她意识到，自己真正热爱的是那种自由奔放、充满灵魂的绘画表达方式，而不是取悦他人。她回到自己的工作室，摒弃一切外界的干扰，按照内心的渴望去创作。每遇到压力和情绪低落时，她就会回到那个小屋静坐一会儿，与自己的内心对话。

过了一段时间，她带着全新风格的作品参加了一场小型画展，她的作品那独特的表达视角吸引了众人的目光，她终于在艺术界崭露头角，曾经的压力与负面情绪都成了创作的素材。

多巴胺是另一种关键的神经递质，与奖励、动机和愉悦感有关。静坐时，大脑内的多巴胺系统也会受到调节。在正常情况下，多巴胺的释放是对特定奖励性刺激的反应，但静坐可能通过改变大脑的内部状态，使多巴

胺的分泌更加稳定。这意味着在面对外界诱惑或压力时，经过静坐训练的人可能不会过度依赖外部刺激来获取多巴胺，而是能够通过自身内在的调节来维持良好的情绪和动力状态，从而减轻神经系统对外部应激源的过度反应。

前额叶皮质在认知控制、注意力和情绪调节等方面发挥着核心作用。静坐过程中，前额叶皮质会被激活。神经影像学研究发现，长期进行静坐练习的人，其前额叶皮质的灰质密度和神经连接性会有所增加。这意味着大脑在这些区域的结构得到了强化，就像锻炼肌肉一样，神经元之间的联系更加紧密。这种变化有助于增强个体的自我控制能力、注意力和情绪管理能力。

甘肃中医药大学终身教授周信有在90岁高龄时仍能上班工作，据他讲主要也是因为坚持用静坐的方法来调摄精神、修身养性，培养体内的元真之气，达到防病健身的效果。

张强是一名即将毕业的大学生，面临着考研、找工作的双重压力。他的考研复习进度不理想，找工作又四处碰壁，看着身边的同学一个个都签了约，他内心的焦虑和挫败感与日俱增。

这一天，他走进了学校的心理咨询室。咨询师建议他试试冥想放松法，在一个安静的房间里，拉上窗帘，放一点轻柔的音乐，然后舒适地坐下或躺下，闭上眼睛，专注于自己的呼吸。张强第一次尝试时，脑海里的思绪乱如麻团，一会儿是考研的知识点，一会儿是着急面试的场景。他没有放弃，按照咨询师的指导，不断把注意力拉回到呼吸上。经过几次练习，他发现自己能够在冥想中逐渐平静下来，那些困扰他的压力和负面情绪明显减少了。他开始重新审视自己的目标，发现考研并非唯一的出路，自己在

实践方面有很多优势，于是调整方向，把更多的精力放在寻找合适的工作岗位上。

最终，他凭借专业技能和沉稳自信的面貌，拿到了录用通知。

释放压力和负面情绪的过程让张强找到了真正适合自己的方向，实现了从迷茫焦虑到从容自信的成长。

静心小贴士

　　海马体是大脑中与学习和记忆密切相关的区域。静坐对海马体也有积极的影响。一方面，它可以促进海马体中，神经元的生成；另一方面，静坐还可以改善海马体的血液供应，为其提供更多的氧气和营养物质，从而提高记忆力、学习能力和空间认知能力，使神经系统在信息处理方面更加高效。

对生命的深度认知

静坐常思己过,闲谈莫论人非。

——[清]金缨

在静坐过程中,身体的感官敏锐度会有所提升。例如,当我们安静地坐着,将注意力集中在身体时,我们可能会察觉到平时被忽略的感觉,如皮肤的轻微瘙痒、肌肉的微小紧张等。这种对身体感官的敏锐觉察可以延伸到对生命的感知。就像通过观察一片树叶的纹理来推测整棵树的生长状态一样,通过对身体细节的感知来加深对生命的理解。

古印度时期有一位名叫阿南达的年轻修行者。他自幼对生命的诸多谜题深感困惑,目睹着生老病死在身边频繁上演,内心满是迷茫与不安,渴望探寻到生命的真谛,于是投身于严苛的修行之中,而静坐冥想成为他每日必修的功课。

起初,静坐对阿南达来说充满艰辛。他的心恰似脱缰的野马,杂念纷至沓来。一会儿忆起儿时与伙伴的嬉闹,一会儿又担忧明日的修行课业,身体也因长时间保持坐姿而酸痛不已。但阿南达凭借着顽强的毅力,日复一日地坚持着。

时光悄然流逝，在一个月光如水的夜晚，阿南达像往常一样于静谧的山洞中静坐。四周万籁俱寂，唯有洞外微风拂过树叶的沙沙声响。他缓缓闭上双眼，将全部的注意力聚焦于呼吸之上。渐渐地，他的呼吸变得愈发悠长、轻柔，思绪也如同平静湖面般澄澈。

在这深邃的静谧里，阿南达仿若进入到一个全新的境界。他看见自己的生命宛如一条奔腾不息的河流，从呱呱坠地的源头起始，一路蜿蜒曲折，历经成长的喜悦、挫折的痛苦、爱恋的甜蜜以及失去的哀伤。他清晰地意识到，生命中的每一个瞬间，无论是高光时刻还是至暗低谷，皆为这条河流不可或缺的组成部分，它们相互交织、彼此成就，共同塑造了独一无二的人生轨迹。

此刻，阿南达对生死也有了超脱常人的认知。他领悟到，生并非起始，死亦非终结，二者如同昼夜交替般自然。死亡不过是生命形态的一次转换，是回归生命本源的必经之路，如同落叶归根，滋养着新生的力量。

自那以后，阿南达仿若脱胎换骨。往昔困扰他的功名利禄、荣辱得失，此刻都显得微不足道。他面带平和的微笑，眼中闪烁着智慧的光芒，行走于世间，用自身的感悟去启迪那些同样深陷迷茫的人们，引领他们踏上追寻生命真相的旅程。

静坐为我们提供了一个向内观察自我、审视自我的机会。通过静坐，我们可以放下对外界的执着，回归内心，觉察生命的本质。静坐就像一座桥梁，连接我们与自然的和谐，让我们在繁忙的生活中找到片刻的宁静。在日常活动中，我们的自我认知往往受到外界评价、社会角色等诸多因素的干扰。而在静坐的安静环境中，我们可以像一个客观的旁观者一样观察

自己的思维、情绪和行为模式。静坐时,我们会发现脑海中的念头就像流水一样,奔腾不息。有时候,这些念头是关于过去的回忆,比如曾经的遗憾或成就;有时候,它们是对未来的担忧或者期望。通过观察,我们能够认识到自己的思维模式和习惯。这种自我觉察是获得生命深度认知的关键一步,因为只有了解自己的思维方式,我们才能更好地理解自己在生命历程中的行为和情绪反应。

静坐可以帮助我们获得对生命的深度思考。例如,我们可能会发现自己在面对压力时总是采取逃避的方式,或者在思考问题时总是过于悲观。这种自我认知的深化有助于我们理解自己在生命历程中的行为,进而思考如何改变和成长。

陈亿是一位在商场上拼搏半生的成功企业家,他的生活被会议、谈判、应酬填充得满满当当。尽管拥有令人艳羡的财富与地位,可陈亿却愈发觉得内心空虚,仿佛迷失了自我。长期的高压工作让他的身体每况愈下,精神也濒临崩溃的边缘。在医生的强烈建议与家人的反复劝说下,他无奈暂别商场,前往山间的一处疗养院调养身心。疗养院环境清幽,四周青山环绕。起初,由于这里过于安静,陈亿很难适应,他只能焦躁不安地在房间里来回踱步。

一日午后,陈亿坐在窗边的蒲团上,感受着透过窗户洒满房间的温暖阳光。他按照疗养师教授的方法,闭上眼睛,尝试让自己放松下来,进入静坐状态。刚开始,各种工作上的琐事、复杂的人际关系一股脑地涌了上来,他的眉头紧锁,呼吸急促。但随着时间的推移,他努力摒弃杂念,专注于当下的感觉,倾听自己内心真实的声音。

在深度的静坐体验中,陈亿仿若穿越时空,回溯到自己创业之初。他

看到了那个曾经意气风发、不畏艰难的自己……那时的他，满怀着一腔热血与无限的憧憬，凭借着对梦想的执着追求，克服重重艰难险阻，打拼出属于自己的一片天地。

此刻，他也深刻地意识到，自己在追逐成功的道路上，逐渐迷失了初心，被名利蒙蔽了双眼，将生命的意义狭隘地定义为财富与地位的累积。实际上，生命蕴含着更为丰富多元的内涵，家人的关爱、朋友的陪伴、对自然的热爱以及对内心宁静的守护，皆是生命中无比珍贵的宝藏。

经过一段时间的静坐修行，陈亿仿若重获新生。他不再是那个被工作吞噬、身心俱疲的商人，而是成为一个懂得平衡生活、珍视生命每一刻的智者。回到商场后，他调整了工作节奏，留出更多时间陪伴家人、投身公益，公司的业务在他全新的经营理念下，焕发出新的生机与活力。

在静坐实践中，我们可以借由"止观思"三重境界，深入探寻生命的本质。

"止"，乃是将心灵聚焦于某一对象或情境，削减纷杂思绪，增强意识的稳固性，从而培育内在的定力。这一过程，如同湖面归于平静，映照万物而心无波澜。

"观"，则是细致体察身心运作的微妙变化，将意识凝聚于当下，提升精神的敏锐度与专注力，激发内在智慧的灵光。它让我们如明镜般洞察自身，洞悉生命的奥秘。

"思"，则是通过想象与感受，与周遭环境融为一体，营造内在的和谐与蓬勃生机。这一过程，如同种子在沃土中生根发芽，展现出生命的无限可能。

古往今来，众多文人雅士崇尚"内向性"的生活方式，他们以静坐、

冥想及内省为途径，深化自我修炼，甚至选择"闭关"以达到心灵的深度净化。这种生活哲学，不仅是精神层面的升华，更是对生命本质的深刻探索。

当我们超脱于外在功名利禄的束缚，内心自会涌现出一种觉知与超脱的力量，使生命之河流淌于清澈、宁静与喜悦之中，彰显生命的本真与美好。

静心小贴士

庄子在《庄子·外篇·天道》中提到"水静则明烛须眉"，强调在静心中才能洞察事物的本质。庄子认为只有心境宁静，才能明事理、生智慧。这种对自然的敬畏和顺应自然的观念，体现了古人对生命与自然和谐共生的认知。

修

精神提升的修行方式

静

静坐之间提升专注力

> 非淡泊无以明志，非宁静无以致远。
>
> ——[三国]诸葛亮

我们需秉持的健身理念，应兼顾身心双重维度，不可有所偏倚。精神层面的力量，往往对身体状态起着决定性作用。举例来说，若心中忧虑重重，面容则会显得憔悴；而当内心充满喜悦时，五官也会随之生动；情绪高涨时，食欲会随之增强；心情低落时，食欲会减退；诸如愤怒、嫉妒等负面情绪涌现时，则会导致血液循环及各器官组织出现异常。

静坐之法，不仅在生理层面有助于促进血液顺畅循环，更在心理层面能够引导精神归于凝聚统一，进而推动心理健康的良性发展。内心安宁平和，思绪清晰愉悦，自然能够调和气血，有益健康。

静坐作为训练专注力的好方法，如果能经常练习，便能逐渐去掉心中纷繁复杂的妄念。

假如一个上班族工作一小时后，静坐20到30分钟，这样的循环，一定能够让他保持长时间的专注力和意志力。在当前电子产品盛行的大环境下，还要提醒大家：千万不要让刷手机中断你的平和状态，不要让娱乐消耗你的精力，种下更多的杂念。

那些从小就注意力分散，容易内耗的高敏性人群，更需要学会如何安静下来，集中注意力。改变自己，不是一件容易的事情，但一旦进入状态，你就能够持续专注，拥有强大的内心。所以，不要停下，让你的生活充满动力，让你的内心越来越坚韧。

乒乓球名将樊振东在比赛前经常会进行静坐，通过这种方式放空思绪，让心灵回归平静。在喧闹的比赛场馆中，他独自坐在角落，闭目养神。这能帮助他在激烈的比赛中迅速恢复精力，保持头脑清醒，从而更专注地应对每一个球，在赛场上发挥出更高的水平。

一位博士妈妈为了培养4岁儿子的专注力，让孩子每天玩一个小时的贴画。孩子玩贴画的过程，其实也是一种类似静坐的专注训练。孩子需要坐在一个地方，集中注意力将贴纸贴到对应的位置上，并且在玩的过程中不断思考和动手。经过长时间的训练，孩子的专注力得到了极大提升，可以静坐一个小时连续学习，连小学要学的古诗词都背诵得滚瓜烂熟，数学计算能力也超出常人。

《佛遗教经》云："制心一处，无事不办。"他们的成功，都很好地诠释了这个道理。可见，只要集中心力，全神贯注在一个对象上，治学便能深造。

在当今信息时代，能够安下心来专注于自己想要完成的第一要事并不是一件容易的事。许多人在做一件事情时，头脑还在想着另一件事情，所以很难成功。我们来做一个小实验：把手掌反过来，掌心朝上，仔细用眼睛注视双掌的掌心，然后掌心相对，闭上眼睛，将意识还停留在刚才看的地方，保持1分钟以上，就会有热的感觉。同样用一根食指贴近我们两眉中间的印堂穴，把眼睛闭上，想象指头还停留在那个地方，则会觉得印堂穴十分沉重，这些都是意志力集中后身体的自然反应。

在静坐中，人们需要将注意力集中在一个特定的对象上，如呼吸、一个意象或者身体的某个部位。这种训练可以提高注意力的稳定性和集中性。从心理学角度看，注意力就像一束光，当它能够稳定地聚焦时，我们就能更清晰地观察内心世界。

静心小贴士

合理的饮食结构为大脑提供稳定的能量支持，有助于保持专注力。首先，要保证摄入足够的碳水化合物，如全麦面包、糙米等。它们能够缓慢释放葡萄糖，为大脑持续供能。大脑主要依靠葡萄糖来提供能量，如果血糖水平不稳定，专注力就会受到影响。

沉静大脑提升思考力

我们所能拥有的最好的财富是内心的平和。

——[法]卢梭

找一个安静舒适的地方坐下，闭上眼睛，专注于呼吸或一个特定的意象，排除杂念。每天坚持10分钟到20分钟的冥想练习，长期坚持下来可以增强大脑的前额叶皮质功能，帮助大脑更好地抑制无关信息的干扰，让思维更加清晰和平静，从而提升思考力。

当我们专注于呼吸时，我们可以觉察到每一次呼吸的细微变化，进而延伸到对生命本身的气息和律动的感知。这样的呼吸能够放松身体和大脑，缓解紧张情绪，为大脑提供充足的氧气，使大脑更加清醒和专注，进而提升思考的效率和质量，让人能够区分自己的真实想法和外界干扰因素，从而更好地挖掘自己内心深处对生命的见解。

对于学生来说，静坐提升专注力和思考力，这对学习有很大的帮助。在阅读长篇复杂文献或者攻克数学难题时，能够专注，不被其他想法干扰。在记忆知识点时，也能够更有效地将信息输入大脑，提高学习效率。

在工作中，特别是需要高度集中注意力的时候或长时间工作后，通过

短暂的静坐来恢复专注力,能够缓解疲劳,让大脑重新进入高效的工作状态。

　　日本作家村上春树是一位长期坚持跑步和静坐的人。在写作过程中,静坐对他的思考力有着重要的帮助。他可以思考小说的情节、人物的性格和命运。例如,在创作《挪威的森林》时,他通过静坐来梳理渡边、直子和绿子之间复杂的情感关系。在安静中回忆自己的青春经历和情感体验,并且将这些感受融入小说的创作中,使作品中的人物形象更加丰满,情节更加扣人心弦。

　　古希腊学者阿基米德在思考物体浮力问题时,也有类似深度思考的过程。当他接到国王要求鉴定王冠是否纯金的任务后,他一直陷入沉思,脑海中不断浮现各种形状的物体在水中的状态。在一次洗澡时,他看到水的溢出,从而灵感突发,发现了浮力定律。这种在安静状态下的深度思考,

让他能够将日常观察与科学问题紧密联系起来，最终找到了解决问题的关键思路。

闭目静坐能够减少大脑的耗能，将更多的能量用于思考。需要提醒大家的是，要提前安排好专门的时间用于思考，避免在繁忙的日程中被其他事务打断和分散注意力。我们可以将思考时间分成若干个小块，每次专注思考一段时间，然后适当休息，再继续思考。

静心小贴士

富含营养的食物，如鱼类、坚果、蔬菜、水果等，能为大脑提供充足的能量和营养物质，维持大脑的正常功能和健康。避免过多摄入高糖、高脂肪和高盐的食物。

智慧激发创造力

> 谁终将声震人间，必长久深自缄默；谁终将点燃闪电，必长久如云漂泊。
>
> ——[德]尼采

额叶与人类的智力活动相关联。静坐练习通常都由闭眼思考开始，此时，视觉输入减少，大脑枕叶活动减弱，而额叶活动增强。在静坐中，人们经常会回忆起曾经被遗忘的事情，迸发出灵感，产生新的思路。

著名的物理学家爱因斯坦经常进行深度思考来探索宇宙的奥秘。他会坐在椅子上，闭上眼睛，让思绪沉浸在对物理现象的想象和思考中。在思考相对论的过程中，这种安静的思考状态帮助他进行"思维实验"。例如，他想象自己骑着一束光，在这种情境下思考光的传播、时间和空间的关系。这种深入的思考让他能够突破传统观念的束缚，提出了相对论这一具有划时代意义的理论，改变了人们对宇宙时空的认知。

诺贝尔物理学奖获得者约瑟夫森说："在科学发展的今天，冥思静坐的体验显得愈发不可或缺。"还有一些科学家认为：超觉静思是大脑充分发挥机能的有效手段，它能够巧妙地激发大脑左半球的力量去影响右半球，从而使右脑最大限度地发挥思维能力。

　　静坐不仅能强身健体、提升智慧，而且还对探讨人体生命科学的奥秘有着深远的意义和作用。通过静坐，开启内心的智慧，是人们更高的追求。有的静坐方法从"止"入手，训练心静止在一物之上，这样的方法能够培养出生命的"定力"。有的静坐方法从"观"入手，训练心的觉察力和敏锐度，这样的方法能够成就"慧力"。还有的静坐方法运用"思维"，将人与太阳、天空、自然、空间等通过冥想联接在一起，感受人与整个世界的合一。这些方法都能够引导人深刻内省、开启智慧，觉察到身心世界的交互，洞见生命的实相。相信下面这位少年学者的蜕变能给你带来一些启发。

　　有一位聪慧机敏的少年，对知识如饥似渴，一心向往着在学术领域有所建树。然而，随着学习的深入，他渐渐陷入了困境。复杂的典籍、深奥的理论，让他感觉自己仿佛迷失在了知识的浩瀚海洋之中，无论如何努力，

都难以突破思维的瓶颈。

一天,他在一座静谧竹林里,偶遇了一位精神矍铄的老者。老者目光如炬,看出了少年的困扰,便传授他静坐之法,告知他这是开启智慧之门的钥匙。少年有些半信半疑,但出于对老者的敬重,还是决定试一试。

少年咬牙坚持每天去竹林中盘膝而坐,闭目凝神,专注于自己的呼吸。在一次又一次的静坐修行中,他逐渐掌握了要领。突然有一天,当他像往常一样静坐时,周围的鸟鸣声、竹叶的沙沙声仿佛渐渐远去,他的内心愈发沉静,仿佛踏入了一个空灵之境。

自此之后,少年好像脱胎换骨了。对于知识点,他总能举一反三,对老师提出的问题应答如流;他沉迷于钻研典籍,并能迅速洞察要义,提出独到见解。数年后,他凭借卓越的学识成为翰林最年轻的大学士。

静心小贴士

在生活中,挫折是不可避免的。要明白挫折是成长和进步的机会,而不是失败的标志。爱迪生在发明电灯的过程中经历了上千次的实验失败,但他把这些失败看作是通向成功的步骤。他曾说:"我没有失败,我只是发现了一万种行不通的方法。"这种心态能帮助我们在面对挫折时,不受负面情绪侵扰。

静

静坐前的准备工作

静

适宜的静坐环境与时间

人能常清静，天地悉皆归。

——《清静经》

声音与光线的要求

静坐环境最基本的要求是安静、不脏乱，我们在选择时要重点注意几个方面。

尽量选择没有噪声干扰或者噪声小的地方。这样可以让人在静坐过程中感到更加放松。例如，室内隔音的书房，或者户外宁静的公园角落。像学校、医院、菜市场、夜市等人群聚集的喧闹之处，或者蚊虫、蛇蚁等出没的地方，都不适合练习静坐。因为噪声会干扰大脑的平静，使注意力难以集中。即使是轻微的持续噪声，如远处的车辆声或者电器的嗡嗡声，也可能在静坐过程中引起烦躁情绪，影响静坐效果。

要选择经常使用的房间或者熟悉的户外角落。陌生的环境，可能会让人在静坐时不自觉地保持警惕，无法完全放松大脑和身心是不适合静坐的。当然，我们很难找到绝对安静的地方，因为喧嚣是现代社会的典型特征。

但是，我们可以人为设计安静的环境。比如在静坐的房间加上隔音装置，将自己和嘈杂隔离开。

选择自然光线充足的地方。阳光的热量可以使体表血管扩张。当皮肤血管扩张时，血液循环会加快，更多的氧气和营养物质被输送到身体各个部位，同时也能更有效地将代谢废物带走。这种良好的血液循环可以让人感觉身体温暖、舒适，还能缓解肌肉紧张。阳光与积极情绪之间存在密切联系。从心理学角度讲，阳光可以刺激大脑释放多巴胺等神经递质，这些物质与愉悦感和奖励机制有关。阳光充足的环境，会更容易产生积极的情绪，如快乐、满足等。

同时，明亮的光线会让人感觉充满活力。比如，在阳光充足的办公室或教室，人们会觉得更有精力去工作或学习，而在昏暗的环境中则容易感到困倦和消极。

阳光是调节人体生物钟的重要因素。视网膜中的光感受器可以感知阳光的强度，然后将信号传递给大脑中的下丘脑。下丘脑通过调节褪黑素等激素的分泌来控制人体的睡眠－觉醒周期。例如，清晨的阳光可以抑制褪黑素的分泌，使人更快地从睡眠状态中清醒过来。

我们可以选择一个靠近窗户但不会被阳光直射的位置，这样既能享受自然光线带来的舒适感，又不会因为强光刺眼而感到不适。另外，早晨或者傍晚时分的光线相对柔和，比较适合静坐。如果没有理想的自然光，那就需要使用人造光。选择暖色调的光，如台灯发出的淡黄色灯光，其光线柔和，能够营造出温馨、宁静的氛围。避免使用过于明亮的白色强光或者频繁闪烁的灯光，因为这些光线容易引起视觉疲劳和大脑的紧张感。

空间大小和布局

静坐房间大小要适中。如果空间太小，就要经常通风透气。因为如果

窗户紧闭，房间就缺乏对身体有益的新鲜空气。

静坐的房间是不是越大越好呢？当然不是。如果选择卧室作为静坐的房间，要注意卧室宜在15平方米左右，不要超过20平方米。卧室是人们休息和补充能量的地方。它直接影响人们的体能和精神状态。

卧室空间不宜太大，主要有以下几个方面的原因：

人体能量消耗。有传统观点认为，人的气场和能量是有限的。卧室过大，人体的能量就需要分散在更大的空间范围内，来维持"气场平衡"。这就好比一个小火炉要去温暖一个很大的房间。从科学角度来解释，在过大的卧室里，人的心理上会有一种空旷感和不安全感，身体会不自觉地紧张，需要消耗更多的精力去适应环境。

温、湿度调节困难。在夏天，空调需要更多的电力才能使整个大卧室降温；在冬天，电炉也需要更高的功率来维持舒适的温度。

声学效果影响。卧室太大容易产生回声。声音在空旷的大房间里传播时，遇到墙壁等障碍物会反射回来，形成回声。当人们在这样的卧室里休息时，外界传来的声音或者室内一些细微的声音（如钟表的嘀嗒声、空调的运转声等）经过反射后会被放大和延长，从而干扰人的睡眠和休息。

视觉和心理压力。大卧室在视觉上会给人一种空旷、冷清的感觉，尤其是当室内家具摆放比较稀疏时。这种视觉感受会给人带来心理压力。相反，较小的卧室如果布置得当，会给人一种温暖、亲密的感觉，更容易让人在心理上感到放松和舒适。例如，一个有着柔软床铺、温馨灯光和可爱摆件的小卧室，会让人感觉身心愉悦。

静坐空间的布局要注意尽量简洁。屋子里如果需要装饰，那就要选择平安、吉祥、和谐、健康、顺畅等充满正能量的物件。千万别选择一些鬼怪和动物骨头之类的装饰品，不然你或多或少会受到负能量环境的干扰。

墙壁周围不要摆放过多的杂物,避免视觉的干扰。在地上放置好舒适的坐垫,如果需要,还可以在旁边放置一个小桌子,上面放一杯水或者一些辅助静坐的物品,如香薰蜡烛等,但不要放置过多无关的东西。有的家庭会养一些金鱼或者种一些有益身体的花花草草,这样心中能够充满活力。有人会装饰一些名人字画或者精美的艺术品,这些东西会平静人的心情,使他们静坐时能尽快地进入状态。

房间的温度与避风

上一节我们提到,通风不好的空间会让人感觉沉闷,影响静坐时的情绪和注意力。为了保证空间有良好的通风条件,我们可以通过打开窗户或者使用空气净化器来改善空气质量。通风的同时,要注意避免穿堂风。当房屋的门与窗相对时,空气能够从建筑物的一侧直接进入,穿过内部空间后从另一侧流出,形成穿堂风。长时间处于穿堂风中,人体热量散失快,容易感冒、关节痛,还可能引发呼吸道不适,如咳嗽、气喘等。

当人处于静坐状态时,血液循环和能量代谢会相应调整。在正常情况下,人体通过皮肤表面的血管收缩和舒张来调节体温。风的吹拂会使皮肤表面的温度感受器受到刺激,通过神经传导,身体会不自觉地紧张来应对这种刺激。比如,当冷风拂过颈部和肩部时,这些部位的会本能地收缩,以保护身体免受寒冷侵袭。然而,这种肌肉紧张的状态与静坐所要求的全身放松背道而驰,会阻碍气血的顺畅流通。长时间的肌肉紧张还可能导致局部的酸痛和僵硬,影响身体的舒适度和后续的静坐体验。

背靠窗户静坐和睡觉时,我们的身体防御机制处于最弱的状态,尤其膝盖、腰部等部位最容易出现不适。所以,静坐的时候,人们常需要在膝盖等处盖一块毛毯。

静坐时，室内的温度要适宜。一般情况下，在 20℃-25℃摄氏度比较合适。这个温度范围能够让人的身体感觉舒适，不会因为过冷或者过热而分心。如果温度过高，人会感到烦躁；温度过低，身体会瑟瑟发抖。静坐时，所穿衣服的厚度也要适中。

了解静坐的时间

因为个人的生活习惯、身体状况不同，所以静坐的最佳时间也不同。一般来说，破晓、午后和夜晚睡前都是比较适宜静坐的。有工作的人以早晨起床后和晚上就寝前各静坐1次为宜。假使每日只能静坐1次，那么以早晨静坐为优选。

晨光初露时最为静谧，车与人声尚未喧嚣，这为静坐创造了宁静的氛围，使人更容易集中注意力，进入深度的放松状态。此时，人体的新陈代谢刚刚开始加速，给清新的身体和心灵做一场"晨练"，能够让人在面对新的一天时更加平和。

午后阳光较为柔和，适当的自然光照可以给人带来舒适的感觉，有利于静坐时保持良好的情绪。午饭过后，身体的血液会集中到消化系统帮助消化食物，大脑容易出现供血不足的情况，人会感到困倦。此时进行15至30分钟短时间的静坐，能减轻身体的疲劳感，同时也能使大脑得到休息，缓解困倦。通过静坐调整自己的身心节奏，能更好地面对下午的工作或者学习。

晚上静坐可在沐浴之后，因为沐浴后气血畅通，静坐可加速血液运行。同时，睡觉前进行静坐，可以帮助放松身心，减轻一天积累的压力和紧张情绪。当人处于静坐状态时，身体的应激激素（如肾上腺素）分泌会减少，神经系统的兴奋性也会降低，从而更容易进入睡眠状态。

饭后不宜立刻静坐，有以下几个原因：

一、影响消化功能

饭后,胃部需要大量的血液供应来进行消化工作,同时胃肠蠕动也会加快,以促进食物的消化和吸收。而静坐时身体处于相对静止的状态,血液循环速度减慢,胃肠道的血流量也会相应减少,食物在胃内停留时间延长,容易导致消化不良、腹胀、腹痛等问题。

二、增加身体不适和疾病的风险

刚吃完饭时,胃部充盈,如果静坐坐姿不正确或弯腰驼背,胃部会受到挤压,导致食物反流,引起反酸、烧心等不适症状,长期可能导致食管炎、咽喉炎等疾病。

同时,血液集中到胃肠道帮助消化,心脏和大脑的供血相对减少。如果马上静坐,对于有心脏病的人来说,容易引发心绞痛甚至心梗等严重心血管疾病。脑部供血不足则可能使人出现头晕、困倦、注意力不集中等症状,增加意外发生的风险。

三、影响新陈代谢和能量平衡

饭后适当的活动可以促进新陈代谢,帮助身体更好地利用和消耗能量。而静坐会使身体的能量消耗降低,长期可能导致脂肪堆积,增加肥胖风险。对于糖尿病患者来说,饭后血糖水平会升高。如果马上静坐,不利于控制血糖。

通常情况下,在饭后半小时至一小时后进行静坐最好。接下来,我们一起了解一下不同种类食物的消化时间,以有效辅助静坐。

水果类约需 0.5–1 小时,瓜类水果最短,而香蕉最长。

蔬菜类约需 0.75–2 小时,瓜类蔬菜(如南瓜)最短,其次为茄果类蔬菜(如番茄、茄子),之后是叶类蔬菜(如菠菜、油菜)和十字花科类蔬菜

（如西蓝花），消化时间最长的是根茎类蔬菜（如地瓜、芋头）。

谷物类约1.5-3小时，流质或半流质的谷物食品（如粥）消化时间较短，经过发酵且没有添加油脂的食物（如馒头、不含油脂的面包）也比较容易消化。

蛋白质约需1.5-4小时，牛奶、豆浆等流质蛋白质食品比较易消化，而牛肉等蛋白质丰富的肉类完全消化则需要4小时或更长时间。

脂肪约需2-4小时，通常脂肪会和蔬菜或谷物一同摄取。脂肪与谷物或蛋白类食物共同摄入时，会延长消化时间。

需要提醒大家的是，在三分饱的状态下练习是比较合适的。太过饥饿时，身体会启动自我保护机制，使血糖出现由低到高的波动，对健康不利。

刚刚学习静坐的人很容易散漫，所以初学者尽量要在规定的时间进行练习，每一次练习也尽量限定静坐的时间，时间不宜过长，可以从几分钟开始，逐渐增加时间。当积累更多经验后，就可以延长时间，然后借着不断练习，使静坐变成每日生活的一部分。开始练习的时候每日抽出时间静坐两次，时间由10分钟渐渐增至20分钟，再由20分钟加到30分钟，如果经常一坐能够坐30分钟，大约3个月后身体和精神就会产生明显的变化。

静心小贴士

进食过量时，胃部会被过度扩张。胃就像一个有弹性的袋子，正常情况下它能够有节律地蠕动来搅拌和研磨食物。如果吃太饱，胃的蠕动会变得困难，就像一个被过度填充的袋子，需要花费更多的力气来推动食物前进。

静坐垫有讲究

静坐垫是进行静坐的必要装备,合适的静坐垫对坚持静坐有很大帮助。那么,如何选择静坐垫呢?

我们先来认识一下静坐垫。一套静坐垫一般由上垫和下垫组成,下垫避免腿部与地面直接接触,上垫使身体稍微前倾,确保脊柱挺直。

挑选静坐垫时,要注意哪些要素呢?

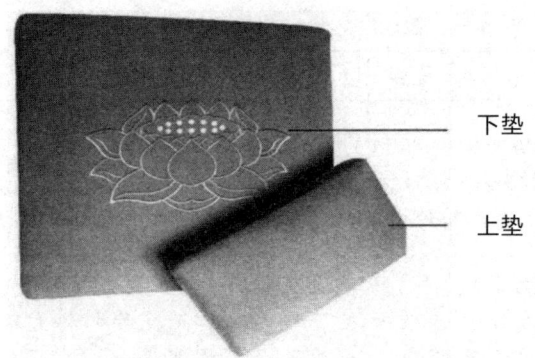

一、静坐垫的大小和形状

对成人来说,直径 80-100 厘米左右的圆形坐垫较为通用,方形坐垫尺寸多样,常见的有 60×60 厘米、70×70 厘米、80×80 厘米等,可根据个人的身高和体型以及使用场景来选择。儿童应选择尺寸较小的坐垫,以保

证使用的安全性和舒适性,一般以直径 80 厘米以下,如 60×60 厘米的方形坐垫或直径 40-60 厘米的圆形坐垫为宜。

圆形的坐垫适合各种坐姿,尤其适合盘腿坐,它能让身体在各个方向上都得到均衡的支撑,方便在静坐过程中随时调整姿势。方形的坐垫更适合在椅子上或床上使用,其边角分明,可以更好地贴合椅子或床的边缘,提供稳定的支撑,防止垫子滑动。

不同尺寸的静坐垫下垫适合不同的身高和静坐姿势。最直接的判断是度量自己盘腿后两个膝盖外缘之间的距离,小于 60 厘米的就选 60×60 厘米,大于 60 厘米的就选 70×70 厘米。

二、静坐垫所用的材料

现在市面上的静坐垫多数是用决明子、海绵、棉花、椰丝、棕丝、荞麦等作为内芯。下面是几种常见材料的优缺点汇总表,供大家参考。

材料	优点	缺点
海绵	作为坐垫辅助材料可增加柔软度,弹性好,能有效减轻身体对地面的压力	透气性欠佳,长时间使用后容易积聚热量和湿气
棉花	质地柔软,触感舒适,保暖性佳,能让人在静坐时感觉温暖惬意,尤其适合在寒冷的环境中使用	作为主要材料太软,会造成脊椎弯曲
荞麦壳	透气,软硬度适中,还具有冬暖夏凉的特点	坐久了内芯会碎,而且会向两边散开变形,需要定期更换或整理
决明子	透气,软硬度适中	内芯会向两边散开,而且凉性较重

材料	优点	缺点
椰丝	有弹性（喷乳胶）的支撑力和柔软度都恰到好处，透气	没弹性的（不喷胶）的比较硬，直接接触敏感皮肤，会让练习静坐的人感觉很不舒服
棕丝	透气	硬度太大，也不是很适合练习静坐
乳胶	具有良好的弹性和透气性，天然乳胶还具有一定的抗菌性能，帮助维持脊柱的自然曲线	部分人可能对乳胶过敏

在选择坐垫时，面料尽量选用天然棉、麻，适合长时间（半小时以上）静坐；含棉质的天然化纤或混合化纤会起静电及有滑手的感觉，不适合静坐；带花纹的绣花面料也不适合长时间静坐，会令腿部压出花纹的痕迹。

静坐入门者一般刚开始应选择厚一点、软一点的坐垫，随着静坐功夫的加深，坐垫的厚度和柔软度再凭感觉进行调整。

静心小贴士

对于一些人来说，大自然细微的声音可以辅助营造宁静的氛围。例如，轻柔的雨声、风吹树叶的沙沙声或者远处的鸟鸣声。这些纯自然声频率较为舒缓，能够让人的身心更加放松。不过，这也要根据个人喜好来选择，有些人可能会觉得任何声音都会分散注意力。

静坐前的身体放松

通天下一气耳。

——[战国]庄子

在日常活动中,我们的肌肉会因为长时间的运动或者不良的姿势而产生疲劳。

在静坐前进行简单的伸展,可以帮助身体打开关节,放松肌肉,为静坐时保持良好的身体姿态做准备。

身心柔软的方法

身心柔软的练习对于静坐来说意义重大,即使不练习静坐,经常进行身心柔软的练习对于身心改变的意义也是显而易见的。我们要完全放松整个身体,让全身就像一块瘫软的泥一样。躺好后,就可以开始十四步放松法了。下面是详细的操作流程。

第一步: 先将右手握拳,随后前臂缓缓弯曲至肩部。把拳头越攥越紧,切实感受拳头以及整条手臂逐渐紧绷的状态。持续5秒钟后,缓缓松开拳头,让放松的右手及手臂自然放置在床上,细细体会右手及整个右手臂放松之后那种惬意与轻盈之感。5秒钟过后，换作左手握拳，重复上述动作流程。

第二步： 将双手手掌尽量握紧，体验一下紧张感。5秒钟后，放松紧握的手掌，去体验一下整个手掌放松后的舒服感和虚无感。

第三步： 把肩膀向上耸起，尽量向耳部靠近，用心感受肩部所产生的紧张感。5秒钟之后，让肩部慢慢放松下来，着重留意肩部放松后所带来的舒适体验。

第四步： 轻轻闭上双眼，用力紧闭3秒钟，而后放松，感受眼睛放松时的状态。接着，皱起前额与眉头，紧紧闭上双眼，体会额头及周边肌肉紧张的感觉。5秒钟后，放松额头及周围肌肉，留意这些部位放松后所带来的舒适感受。

第五步： 将舌头使劲伸出口腔，3秒钟后收回；然后将舌头卷成筒状，3秒钟后放松；咬紧牙关，让咬肌紧张起来，并将嘴角向后移动，体验一下咬肌的紧张。放松这些部位，去体验一下放松后的舒适感。

第六步： 将嘴唇缩成口哨状，体验一下嘴部周围肌肉的紧张。5秒钟后，放松嘴部肌肉，体验一下嘴和整个脸部肌肉放松的感觉。

第七步： 躺下将头向床上用力地靠，仔细体验头皮和后颈部的紧张。5秒钟后，放松头部、后颈部，体验一下头部、颈部放松后的舒适感。

第八步： 将下巴向胸靠，头向前伸，看看下巴能否触到前胸，体验下巴和颈部肌肉的紧张。5秒钟后，放松头部、颈部，体验下巴、颈部肌肉放松后的舒适感。

第九步： 将背向后弯曲，挺出胸部和腹部。体验一下背部的紧张。5秒钟后，放松背部，体验放松后舒服的感觉。

第十步： 做一次深呼吸，让空气充满胸腔，憋住这口气，去感觉胸部

肌肉和腹部肌肉的紧张。5秒钟后放松，自然地呼出空气，感觉放松后胸部及腹部的柔软感。

第十一步： 将注意力放在腹部，绷紧腹部肌肉，体验腹部肌肉的紧张。5秒钟后，放松腹部，体验放松后腹部肌肉舒服的感觉。

第十二步： 努力收紧臀部肌肉，向床上压。仔细体验臀部肌肉的紧张。5秒钟后，放松肌肉，体验放松后肌肉的松弛和柔软感。

第十三步： 向上30°抬起右腿，去感受大腿肌肉绷紧的感觉。5秒钟后，放松右腿，仔细体验大腿放松、舒服的感觉。5秒后，左腿重复右腿的动作。

第十四步： 将右脚尖尽量朝上勾，使你的小腿肌肉绷紧。仔细体验小腿肌肉和脚部的紧张。5秒钟后，放松右脚及右小腿，体验放松后肌肉的松弛和舒服的感觉。5秒后，左脚重复右脚的动作。

以上放松练习每天进行1次，每次30分钟。坚持练习21天，基本上能掌握这些控制身体各部位肌肉进行放松的技能。

不知道你有没有发现，我们的身体平时会不由自主地产生僵硬的感觉，尤其是在久坐一段时间之后。其实，人的身心与弓弦一样，承受的负荷是有限的，如果一味地加压，必然使自己的身心超出负荷。当今社会，生活节奏快，人们面对的竞争与压力加剧，烦恼和焦虑基本上是每个人都有的情绪体验。因此，松开紧张欲断的弦，让身心变得柔软，才会心情舒畅，健康快乐。让身体松弛下来也不是一件容易的事情，这需要学习一些训练的技巧。除了十四步放松法，下面几种简易的自我放松的训练技巧大家也可以经常练习。

（1）**卧式法。** 放松时，站、坐、卧的姿势都可以，但以卧式为佳，因为人类习惯躺着睡眠。睡眠是一种放松活动，所以人一躺下便感到轻松很多。

仰卧在床上,将四肢伸展放平,同时闭上眼睛并配合深、慢、均匀呼吸,这个方式在瑜伽练习中常见,叫作"摊尸式",用来帮助人们放松。

(2)想象法。想象一个自己喜欢的地方,然后集中思维,并逐渐沉浸其中,从而达到精神放松的目的。例如,想象自己躺在草地上,阳光照耀,让你感到温暖而舒适;一阵风拂过,吹来阵阵花香,自己悠闲地躺在大地的怀抱中,轻松自在。

(3)腹式呼吸法。平躺在床上,身体自然放松,紧闭双眼。呼气,腹部鼓出,然后紧缩腹部;吸气,放松,使腹部恢复原状。正常呼吸数分钟后,再重复这一过程。

(4)伸展法。每天安排适当的时间,伸展自己的身体,在每一个充分伸展的部位停顿10-30秒,并注意放松、缓慢。伸展可以使全身肌肉得到放松,对消除紧张十分有益。

我们将身体分为头部、颈部、手部、手臂、肩膀、背部、胸部、腹部、臀部、大腿、小腿、脚部12个部位进行放松运动。由上到下逐部位松弛5遍算一轮,每次至少做3轮。

练习时吸一口气,然后专注部位并默念部位名称。呼一口气,然后随呼吸转向掌心,专注并且默念"松"。每一个部位连续"吸守呼松"做3次。倘若静坐中自觉身体紧绷、沉闷、亢奋或难受,应当返回本步骤再做,直到松弛为止。

身体的放松具有反复性,可能我们现在觉得放松了,在另外一个环节就又紧张起来。另外,放松是有程度性的,真正的深层次放松需要不断去练习。所以,重复进行身体放松的练习很有必要。

头部运动不可少

静坐练习前,对头部进行必要的活动有诸多益处。

可以放松紧张的肌肉。我们日常的工作、学习和生活,常常会让头部肌肉处于紧张状态。比如长时间对着电脑工作,颈部的肌肉会变得僵硬。通过头部运动可以有效放松这些肌肉。像简单的头部前屈、后仰动作,能够拉伸颈部前后的肌肉群,缓解肌肉的紧张和酸痛感,为静坐时身体的放松打下良好基础。

能够促进血液循环。颈椎的健康状况直接关系着头部的血液供给。当我们左右转动头部或者做环形运动时,血管会适度紧缩和舒张。这有助于血液更顺畅地流向头部的各个部位,包括大脑。充足的血液供应可以让大脑在静坐时处于更好的状态,提高思维的清晰度,也有助于缓解疲劳和压力。

正确的头部运动可以帮助我们调整身体姿态。在做头部上下运动时,我们会不自觉地挺直脊椎,纠正平时可能存在的弯腰驼背等不良姿势。

那么,头部的运动该怎么做呢?

坐下后,我们需要先给头部做按摩。具体可以参考下面的动作:

(1)**手指敲头**。将五指撮成梅花状,用指端从下颌开始,沿嘴角、鼻两侧向上围眼眶敲1遍,然后沿眉中央向上经前额、头顶、后脑再沿耳朵敲1遍,返回原处。每次敲100下,重复1-2次。

(2)**手指抓挠**。双手十指弯曲成虎爪状,先从前额发际向头顶、后脑、发根抓挠1遍,再双手分左右从耳至鬓角从前到后抓挠1遍。每次100遍,重复1-2次。

(3)**手掌拍头**。双手张开成掌,保持适中力度先从胸部开始向脸部、前额、头顶、后脑、颈部拍打,然后双掌分左右从耳朵、脸、嘴部到胸部

拍打。每次100下，重复1-2次。

（4）**双手推抚**。双手成掌，从下颌向上推抚，沿脸部、前额、发际用力推，再指尖相对向头顶、后脑、大椎穴推抚，然后双掌分左右沿颈部推1周返回原处，重复做36次。

做完头部按摩后，将双手平置于左右两膝，身体坐正，再做头部运动。具体可以参考下面的动作：

（1）**头部前屈和后仰**。站立或坐直，双脚与肩同宽。缓慢地将头向前低下，尽量让下巴贴近胸部，感受颈部后侧肌肉的拉伸，保持这个姿势5-10秒。然后慢慢将头向后仰，头向后伸展的同时也要注意保持身体的平衡和稳定，同样保持5-10秒。这个动作可以重复做3-5组。

（2）**头部左右转动**。保持良好的姿势，肩膀放松。将头慢慢向左侧转，尽量让下巴指向左肩膀的外侧，眼睛看向后方，感受右侧颈部肌肉的拉伸，保持5-10秒后，再向右侧转动头部，动作要领相同。这样左右交替进行，每组转动3-5次。

（3）**头部环形运动**。以颈椎为中心，头部缓慢地做顺时针环形运动。动作要轻柔、缓慢且连贯，让头部像画圈一样转动，每一圈大概花费5-8秒，做3-5圈后，再换逆时针方向进行同样的环形运动。这个动作可以全方位地活动颈部关节和肌肉。每个步骤身体不动，各做3次。动作缓慢柔软，眼睛睁开，呼吸自然。

做完头部运动，把左右手掌放在脐下丹田处，双手两拇指相触，成倒三角形，深吸一口气，接着慢慢吐气并向下弯腰，双掌压小腹帮助把气吐出，直至气完全吐完，连续做3次深呼吸。做深呼吸的目的是排出体内浊气，使血液循环顺畅。

前期的暖身动作

除了头部运动，静坐前还需要一些暖身的运动，以提高身体的温度、心率、血流量和关节的灵活性，为静坐做准备。比如早上起床后，先做一套简易的暖身运动，再静坐，效果往往事半功倍。

第一段：干沐浴。

这是一种传统有趣的健身养生方法。我们可以理解为没有水参与的"沐浴"。其方法是用双手在体表进行摩擦、搓揉，就好像是在进行沐浴一样。其原理是通过刺激体表的经络和穴位，来促进气血的运行。中医理论认为，人体经络系统就像一张网，将人体各个部分紧密联系在一起，气血在经络中运行，而穴位是经络上气血汇聚的关键节点。通过"干沐浴"对经络穴位进行刺激，可以起到疏通经络、调和气血的作用。

下面我们来详细说明干沐浴的具体操作方法。

一、浴手

双手合掌，相互摩擦。先将双手快速搓热，从手指尖开始，一直搓到手腕部。摩擦的时候可以稍微用力，让手掌和手背都得到充分的摩擦，持续做 3-5 分钟，大概十次为佳。这一步骤可以刺激手部的经络和穴位。手是手三阳经和手三阴经交接的部位，所以，干沐浴从手做起。

二、浴臂

右手握住左手臂，从手腕部开始向上摩擦，一直到肩部，然后再从肩部向下摩擦回到手腕部，反复进行。之后换左手握住右手臂进行同样的操作。摩擦的力度要适中，以皮肤微微发红为好，这个过程大概需要 5-8 分钟，如此往复左右手臂各擦十次为佳。手臂上有手三阴经和手三阳经等经络，通过浴臂可以促进这些经络的气血流通，改善手臂的血液循环。

三、浴头

用两手的十指指腹从前额开始，沿着头皮向头顶、头后进行梳理和摩擦。可以像梳头一样，从前额梳到脑后，反复做 10-15 次。然后用双手拇指按揉太阳穴，顺时针和逆时针方向各按揉 10 圈左右。我国传统医学认为头是"诸阳所会，百脉所通"，头为人体之首，浴头能够刺激头部的诸多穴位，促进阳气上升，百脉调和，气血不衰，可使人面色红润，不生皱纹，既预防脑梗死，又能防止脱发。

四、浴眼

两手轻握拳，将大拇指包在其余四指之内，用食指桡侧端分擦两上眼皮各十次。然后用两拇指分按两侧太阳穴旋转揉动十次，再向相反方向揉动十次。最后，用右手拇指和食指捏住两眉头中间部位十次，与此同时，用左手从后头发际向下捋到颈部十次，换手重复同上动作。

浴眼可使眼部气血畅通，保持眼部肌肉丰满，眼睑不下垂。太阳穴附近毛细血管多，揉动此处可以抵御风寒侵袭，有助于治疗头痛、头昏。捏两眼中部，可使眼内虚火外泄，有助于防止眼疾。

五、浴胸

双手交叉，用手掌轻轻从胸部的两侧向中间摩擦，再从中间向两侧摩擦，反复进行。摩擦的时候要注意覆盖胸部的大部分区域，操作时间大概 3-5 分钟。胸部有任脉等经络通过，浴胸可以调理任脉，有效改善气血运行，对于心肺功能也有一定的保健作用。

六、浴腹

双手叠放在腹部,一般右手放在左手上面,以肚脐为中心,顺时针方向进行摩擦。摩擦的幅度可以由小到大,慢慢扩大范围,持续做 5-8 分钟。腹部是人体的重要部位,有很多脏腑器官,通过浴腹可以促进胃肠蠕动,增强消化功能,还可以刺激腹部的关元穴(位于脐下三寸处)等穴位,起到培补元气的作用。

七、浴腿

坐在椅子上,用双手从脚踝部开始向上摩擦腿部,一直到大腿根部,然后再从大腿根部向下摩擦回到脚踝部,反复进行。每条腿摩擦 3-5 分钟。腿部有足三阴经和足三阳经,浴腿可以促进这些经络的气血循环,缓解腿部疲劳,改善下肢的血液循环。

八、浴足

用一只手握住脚的前部,另一只手从脚跟开始向脚趾方向摩擦,然后再从脚趾向脚跟摩擦,反复进行。同时可以用手指按揉脚底的涌泉穴(位于足底,屈足卷趾时足心最凹陷处),涌泉穴是人体的重要穴位,按摩涌泉穴可以滋阴益肾、平肝息风,每只脚摩擦 3-5 分钟。

第二段:鼓漱。

闭口咬牙,口内如含物,用两腮和舌做漱口动作,漱 30 多次。漱口时,口内多生津液,等津液满口时,再分 3 次慢慢下咽。这个方法可解毒、增强免疫、助消化。

第三段:搓脚心。

双手对搓发热后,搓两脚心,各 80 多次。脚心部位有一个穴位叫作涌

泉穴，属足少阴肾经。此经起于脚心，止于胸上部，是浊气下降的地方，所以搓涌泉穴可导引肾脏虚火及上身浊气下降，并能舒肝明目。

第四段：肩、脊柱、腿的运动。

（1）耸肩。双肩缓慢地向上耸起，尽量靠近耳朵，感受肩部肌肉的收缩，保持这个姿势 3-5 秒。然后慢慢地将双肩放下，回到自然状态，同样保持 3-5 秒。这个动作可以重复做 10-15 次。通过耸肩运动，能够放松肩部的肌肉，缓解肩部的紧张和压力。在日常活动中，长时间保持一个姿势，比如伏案工作，很容易导致肩部肌肉僵硬，耸肩可以有效地缓解这种情况。

（2）肩部环绕运动。站立或坐直，双脚与肩同宽，双手自然下垂。双肩从前向后做环形运动，动作要缓慢、均匀，就像用肩膀在空中画圆一样。先顺时针方向转动，每圈持续 5-8 秒，转动 5-8 圈后，再换逆时针方向进行同样的动作。这个运动可以充分活动肩部的关节和肌肉，增加肩部的灵活性，为静坐时保持身体的放松状态做好准备。

（3）脊柱扭转运动。坐在椅子上，或者在瑜伽垫上盘腿而坐。保持脊柱直立，吸气时，将身体向左扭转，右手环抱左膝，左手放在身后的地面或椅子上，眼睛看向右肩后方，感受脊柱的扭转和拉伸。保持这个姿势 10-15 秒，然后换另一侧进行同样的动作。在静坐时，脊柱的良好状态有助于保持身体的平衡。

（4）脚踝转动运动。坐在椅子上，双腿伸直。将右脚抬起，以脚踝为中心，缓慢地做顺时针转动，每圈持续 3-5 秒，转动 5-8 圈后，再换逆时针方向转动。然后换左脚进行同样的动作。脚踝转动可以活动脚踝关节，促进腿部的血液循环。这个暖身运动可以有效避免静坐过程中腿部因血液

循环不畅而产生麻木等不适。

（5）**腿部拉伸运动。**站立位，双脚与肩同宽。将右脚向后撤一步，脚尖着地，脚跟尽量抬起，感受右小腿后侧肌肉的拉伸，保持 10-15 秒后换另一侧。还可以坐在椅子上，双腿伸直，身体前倾，双手尽量去够脚尖，感受大腿后侧和小腿后侧的拉伸，保持 10-15 秒。这些腿部拉伸运动可以放松腿部肌肉，为静坐提供更舒适的身体状态。

练习完上面的动作，需要大家收一下心神，喝一杯温水，准备正式开始静坐。

适度的心理调适

> 静坐之法，不用一毫安排，只平平常常，默然静去，此平常二字，不可容易看过。
>
> ——[明]高攀龙

良好的心理状态有助于在静坐过程中更好地放松身心、集中注意力。我们可以试试下面的这些静坐前心理调适的方法。

一、设定目标

静坐之前，需要明确自己静坐的目标。确定自己是为了放松身心、减轻压力，还是为了提高专注力、探索内心世界？比如，如果你的目标是放松身心，那么在静坐过程中可以将重点放在身体的放松和情绪的舒缓上。明确的目标可以在静坐过程中不断激励自己，并且在结束后也能对自己的行为和心态产生积极的影响。

二、怀有恭敬心

古代的很多文人读书前会先沐浴更衣，焚香浴手，然后再恭恭敬敬地请出书本。对于他们而言，这是一个庄重的仪式，他们会更加专心致志地去阅读书本。在这种状态下，阅读的效果可想而知。很多老师在教孩子练琴的时候，首先要求的第一件事也是对琴产生恭敬心，从内心去接受它。只有恭敬心才能产生热爱之情。静坐练习之前尽量沐浴更衣，满怀恭敬之心，这样能更快地进入静坐要求的境界。人有了恭敬心，精神才会更集中。专心致志地行动，才能产生好的效果。

三、情绪调节

在静坐前，先花几分钟时间来感受自己当下的情绪状态。可以闭上眼睛，静下心来问问自己："我现在感觉怎么样？是焦虑、愤怒、兴奋还是平静？"如果你发现自己处于焦虑状态，那么，就需要先正视这种情绪。因为带着不良情绪去练习静坐，会牵动我们的脏器。比如静坐前发脾气，静坐时就难以入定。若在静坐后生烦恼，会感觉烦躁不安，胸部似有重物梗塞，这种情形，有时会延续多日。

我们可以通过简单的呼吸方法来快速释放不良情绪。比如，用腹部呼吸，慢慢地吸气，让空气充满腹部，感觉腹部像气球一样膨胀，同时心里默数5个数，然后慢慢地呼气，感觉腹部收缩，心里再默数5个数。在呼气的时候，想象把负面情绪随着气息一起排出体外。这样重复做几次，让自己的情绪逐渐平静下来。

当然，在释放负面情绪后，要迅速尝试培养积极的情绪。可以回忆一些让自己感到愉快、轻松的事情，比如一次美好的旅行，或者和家人的聚会。在脑海中尽可能详细地回忆这些场景，包括当时的环境、人物的笑容、自己的心情等。通过这种方式，唤起积极的情绪体验，为静坐营造良好的心

理氛围。

四、注意力调整

在静坐前，要意识到周围可能存在的干扰因素，并且尝试在心理上减少对它们的关注。例如，你可以告诉自己："在接下来的静坐时间里，我要暂时放下外界的噪声、他人的打扰，专注于自己的内心世界。"如果担心手机铃声或者其他声音干扰，可以将手机调至静音或者关机。同时，要在心理上做好准备，即使听到一些声音，也不能分散注意力。

在静坐前进行简单的集中注意力练习很有帮助。可以选择一个简单的物体，比如一支笔或者一朵花，将目光聚焦在这个物体上，尝试在心里只想着这个物体的细节。比如，观察笔的形状、功能，或者花朵的花瓣纹理、颜色等。保持这种专注状态 1-2 分钟，然后闭上眼睛，在脑海中浮现这个物体的形象。

儒家思想强调"天人合一"。孔子主张人应该遵循自然规律，尊重自然的秩序。例如，在农业生产方面，儒家提倡顺应季节变化进行耕种和收获，认为这是顺应天意。这种观念体现了人与自然和谐共生的理念，人们不应过度开发和破坏自然，而应尊重自然的节奏。

静坐前后的饮食、坐卧调和

五谷为养，五果为助，五畜为益，五菜为充。

——《黄帝内经》

前面我们讲过，静坐是一个复杂且内涵丰富的身心修炼过程，它涉及身体的放松、呼吸的调节和心灵的沉淀等多个方面。静坐非常讲究调饮食、调睡眠、调身、调息和调心。对于这五件事，我们在静坐过程中要特别注意。

调饮食

良好的饮食习惯

俗话说的好："人是铁，饭是钢，一顿不吃心发慌。"人体需要多种营养素来维持正常的生理功能，吃是我们身体从外界摄取能量的最关键行为。想要在静坐中产生好的效果，平时要多注意饮食。我们将静坐练习期间在饮食方面必须注意的地方归结为五个方面。

（1）不能吃得过饱。古人说："体欲常劳，食欲常少。"过饱会使我

们的胃肠胀满，身体为了促进消化，会将大量血液重新分配到胃肠道，造成大脑、心脏和肺部的血液供给相对不足，脑细胞正常生理代谢受到影响，人会坐立不安、心烦意乱。

（2）**不能饮食过少**。如果长时间饥饿，体内能量摄入不够，会造成身体的羸弱，精神不足，意识不清晰、不牢固，思虑无法稳定。

（3）**饮食宜清淡**。切不可过多摄入刺激性的食物，比如辛辣、煎炸、油腻、荤腥类的食物，它们会使人体气血紊乱，导致大脑昏沉难以进入静坐要求的状态，并且容易使人的情绪难以控制。

（4）**按时吃饭**。一日三餐最好有固定的进食时间，如果总是太早或太迟，或是少一餐、二餐，或是成了一日四餐、五餐，都属于不规律饮食。一餐不吃，另一餐食量必然大增，会造成胃肠道负担过重，长期可能引发胃溃疡、胃炎、消化不良等疾病；饥饿时血糖降低，会产生头晕、注意力不集中、记忆力减退、易疲劳等不良反应，甚至影响大脑功能，导致智力下降。此外，经常不吃饭，胆囊不收缩，时间久了就容易造成胆结石，所以，我们要按时进食，少吃零食。

（5）**忌睡前大吃**。晚上睡觉前大吃大喝，对身体存在诸多危害：临睡前吃东西会延长胃部排空时间，导致食物在胃内停留时间过长，引起消化不良、胃胀、胃痛等症状，这些不适会导致夜间觉醒次数增加。而且，不规律的进食可能干扰胃肠的生物钟，长期下去会使胃肠功能紊乱，引发胃炎、胃溃疡等疾病。临睡前摄入的食物，更容易转化为脂肪储存起来，长此以往可能导致体重增加。而且，夜间人体的新陈代谢速度比白天慢，临睡夜食会使身体在夜间仍处于高代谢状态，增加了肝脏、胰腺等器官的负担。同时，夜间人体血压通常会有所下降，临睡夜食可能会使血压升高，增加

心脏的负担。

这五种不良的饮食习惯不但影响身心健康,而且直接影响我们静坐过程的效果。静坐练习中对食物的选择也是有严格规定的,在本书后文将有专门讲述。

静坐食物的选择

食物的营养对人体的各个方面都有着深远的影响,保持均衡的饮食是维持健康的重要保障。我们摄入的食物经消化吸收后,为生命活动提供需要的能量。在静坐过程中,我们对食物的选择非常重要,因为食物蕴含的能量不同,对身体会产生不同的作用。对我们的身体起到滋养作用的食物,我们认为它是高能量的,可以把它称为"高能量"食物;对身体可能产生有害影响的食物,我们认为它是有低能量的,我们可以把它称为"低能量"食物。

"高能量"食物一般很容易消化,消化后身可以使身体变得健康轻松、情绪平和而稳定。所有谷类及其制品(如米、面、玉米、面包等),大多数的蔬菜,牛奶与乳类制品,坚果,豆类及大豆制品(如黑豆、豆腐、豆浆等),温和的香料等都是典型的"高能量"食物。

下面列举一些生活中常见的"高能量"食物及其特点,供大家参考。

(1)麦麸

麦麸也就是俗称的麸皮,是小麦磨粉时脱下的种皮,过去常用作饲料喂动物。用麦麸喂家禽,家禽皮肤红润,毛发油亮。现在越来越多的人开始吃全谷食物、全麦食物,麦麸越来越受到重视。

B族维生素、硒、镁等矿物质及纤维素几乎都集中在麦麸身上。它能

预防并改善结直肠癌、糖尿病、高胆固醇血症、高脂血症、便秘、痔疮等。因此，不少专家认为，麦麸是癌症克星。研究发现，富含麦麸的饮食可降低绝经期前妇女的雌激素含量，从而降低发生乳腺癌的风险。

（2）地瓜

地瓜又叫甘薯、红薯，是祛病延年、减肥保健的绝佳食品。地瓜是碳水化合物的良好来源，其碳水化合物含量较高，大约占其干重的20%-30%。这些碳水化合物主要以淀粉的形式存在，地瓜中的淀粉在人体消化过程中会逐渐分解为葡萄糖，为身体提供能量。地瓜富含膳食纤维。不可溶性膳食纤维可以增加粪便的体积，促进肠道蠕动，预防和缓解便秘，它就像一个"肠道清洁小卫士"，帮助清理肠道内的废物。同时，它还能减少有害物质在肠道内停留的时间，降低结肠癌等肠道疾病的风险。可溶性膳食纤维能够在肠道内与糖类、脂类物质结合，减缓它们的吸收速度。这有助于降低血糖和血脂水平，对于预防糖尿病和心血管疾病有一定的作用。地瓜还是钾的良好来源。钾是一种重要的矿物质，它主要存在于细胞内，对于维持细胞内外的渗透压和酸碱平衡起着关键作用。同时，钾在神经传导和肌肉收缩过程中也扮演着重要角色，特别是对于维持心脏的正常节律至关重要。适当摄入钾可以降低血压，减少心血管疾病的风险。

（3）茄子

茄子中含有龙葵碱、葫芦素、水苏碱、胆碱、紫苏苷、茄色苷等多种生物碱，茄花、茄蒂、茄根、茄汁皆为良药，古代有用茄根治疗肿瘤的记载。

茄子还含有丰富的营养成分，除维生素A、维生素C含量偏低外，其他维生素和矿物质几乎跟西红柿差不多，而蛋白质和钙甚至比西红柿高3倍。

很多人吃茄子喜欢把皮去掉，但是实际上茄子皮的营养保健功效是非常显著的，茄子皮里面含有大量的 b 族维生素，b 族维生素可促进维生素 C 的吸收。而且茄子属于深色蔬菜，皮中含有丰富的花青素，具有很强的抗氧化效果。

（4）苦瓜

明代医学家李时珍称苦瓜为"一等瓜"，苦瓜在增强免疫力方面是一把好手。这主要得益于苦瓜中丰富的维生素 C 和奎宁蛋白。维生素 C 是强效抗氧化剂，能保证细胞免受自由基的损害，减缓衰老。而奎宁蛋白则能激活免疫细胞，抑制正常细胞的癌变，并促进突变细胞的复原。

（5）海带

海带中药名为昆布，可预防乳腺癌和甲状腺肿瘤。海带是一种含碘量极高的食物。碘是合成甲状腺激素的关键原料，甲状腺激素的主要成分是甲状腺素（T4）和三碘甲状腺原氨酸（T3），其合成过程需要碘的参与。适量食用海带可以为人体提供充足的碘，保证甲状腺正常合成甲状腺激素。当人体碘摄入充足时，甲状腺就不需要通过增生来增加碘的摄取能力，从而有效预防因碘缺乏引起的"大脖子"病。虽然海带对预防和辅助治疗"大脖子"病有好处，但过量食用可能会导致碘摄入过多。碘摄入过多也会对甲状腺功能产生不良影响，可能会引起甲状腺功能亢进（甲亢）等疾病。

海带的功效还有很多：研究显示海带中的海藻酸钠可能通过激活巨噬细胞，增强自然杀伤细胞活性间接抑制肿瘤生长。海带含有的海藻多糖可能通过调节肠道菌群结构来抑制有害代谢物。

（6）白萝卜

民间有农谚说得好："冬吃萝卜夏吃姜，不劳医生开药方。"白萝卜

有化痰、利尿之功能，它含有多种酶，能分解致癌的亚硝酸胺，而其富含的木质素则能提高巨噬细胞的活性，增强其吞噬癌细胞的能力。白萝卜的辣味来自芥子油，可刺激胃肠蠕动，促进消化。白萝卜中的淀粉酶可以分解食物中的淀粉和脂肪，使食物中的营养物质得到充分吸收。此外，白萝卜含有较丰富的维生素C，每100克白萝卜中维生素C的含量大约为21毫克。

中医理论认为，白萝卜有散气的作用，而人参是补气的中药材。如果同时大量食用白萝卜和人参，白萝卜可能会削弱人参的滋补功效。

（7）南瓜

南瓜既可为粮又可为菜。南瓜可预防肥胖、糖尿病、高血脂和高胆固醇血症等。南瓜维生素A的含量非常高。维生素A对视力健康极为重要，它是视网膜中感光色素视紫红质的组成成分，能够预防夜盲症，保证正常的视觉功能。此外，维生素A在维护皮肤黏膜层完整性方面发挥关键作用，有助于增强人体的抵抗力，预防呼吸道和消化道感染。另外，南瓜中还含有丰富的维生素C、纤维素以及钙、钾、镁、铁、锌等矿物质，对身体健康非常有益。

（8）竹笋

竹笋是减肥的大功臣。竹笋中的膳食纤维可以增加粪便的体积，促进肠道蠕动，有效预防和缓解便秘。它就像一把刷子，能帮助清理肠道内的废物，减少有害物质在肠道中停留的时间，从而降低结肠癌等肠道疾病的发生风险。并且，膳食纤维能够提供饱腹感，减少其他高热量食物的摄入，有助于控制体重。

（9）洋葱

洋葱在欧美被誉为"蔬菜皇后"。洋葱含有多种硫化物和人体必需的

维生素,可清除体内废物,延迟皮肤老化,防止老年斑出现。它还含有在蔬菜中极少见的前列腺素A,这种物质可以扩张血管和防止血栓形成。洋葱内还含有丰富的具有抗癌效能的微量元素硒。硒可合成谷胱甘肽过氧化酶,有助于清除自由基,抗氧化,硒可修复DNA,调节免疫,适量补充可增强体质。硒可保护心血管系统,硒缺乏可使有害物质沉积在心血管系统,出现血压升高、血流速减慢。

(10) 香菇

香菇具有消食、降血脂、降血压等养生功效。香菇中所含的纤维素能促进胃肠蠕动,防止便秘,减少肠道对胆固醇的吸收。香菇还含有香菇嘌呤等核酸物质,能促进胆固醇分解。

(11) 山药

山药是一味珍贵的中药材,被历代医家所推崇。《神农本草经》将山药列为"主伤中,补虚,除寒热邪气,补中益气,长肌肉,久服聪耳明目"之上品;《本草纲目》认为,山药能益肾气,健脾胃,止泻痢,化痰涎。作为中药,它可以制成多种丸药,比如有名的六味地黄丸。

现代药理研究证实,山药具有增强机体免疫力、抗衰老、辅助调节血糖等作用,能改善冠状动脉及微循环血流,对高脂血症、冠心病等有辅助治疗的作用。山药具有补气润肺的功用,既可切片煎汁当茶饮,又可切粒煮粥喝,对气虚咳嗽及肺痨发烧患者都有很好的治疗效果。

山药含有丰富的黏液蛋白,这是其区别于其他蔬菜的重要特点之一。黏液蛋白可以防止黏膜损伤,对胃黏膜、呼吸道黏膜等都有保护作用。

(12) 猕猴桃

猕猴桃富含糖、蛋白质、类脂、维生素、有机酸及多种矿物质。猕猴

桃被誉为"维生素C之王"，其维生素C含量极高。每100克果肉维生素C的含量可达60-200毫克，几乎是柑橘的10倍，西红柿的30倍。另外，猕猴桃还含有丰富的具有保护血管功能的维生素P，营养价值非常高。

猕猴桃还含有猕猴桃碱等特殊成分，具有调节情绪、改善睡眠等潜在功效。此外，猕猴桃中的膳食纤维能减缓碳水化合物的吸收速度，有助于控制血糖，并且可以增加饱腹感，减少其他高热量食物的摄入，从而有助于控制体重，是减肥与营养兼顾的最佳选择。

（13）大枣

大枣最突出的特点是维生素含量高，有"天然维生素丸"的美誉。俗话说："日食三颗枣，百岁不显老。"常食大枣可治疗身体虚弱、神经衰弱、脾胃不和、消化不良、劳伤咳嗽、贫血消瘦，其养肝防癌功能尤为突出。国外的一项临床研究显示：连续吃大枣的病人，健康恢复速度比单纯吃维生素药剂快3倍以上。大枣含有环磷酸腺苷，这是一种重要的生物活性物质。该物质具有调节细胞生理功能的作用，能够扩张血管、改善心肌营养、增加血液流量，对心血管系统有良好的保健作用。

（14）香蕉

香蕉是含微量元素钾最多的水果。钾有助于维持肌肉和神经功能的稳定，防止抽筋和肌肉无力。香蕉中的色氨酸能在体内转化为血清素，进而促进褪黑素的合成，帮助调节睡眠。香蕉中的多巴胺能够刺激大脑，促进神经元之间的传递，从而提高注意力和专注力。多巴胺则与人体的愉悦感和奖赏机制有关，人在食用香蕉后可能会产生满足感。

香蕉能够辅助治疗动脉硬化症，可参考如下方法煮制：新鲜的香蕉250克、冰糖100克、粳米100克，先用旺火把粳米煮开，煮沸以后，再加入香蕉和冰糖，慢火煮 30 分钟。

"低能量"食物可分为两大类：

（1）食用过多会使人变得过分积极、烦躁不安，甚至产生憎恨、嫉妒、沮丧、愤怒、恐惧等情绪而失去平和心态。

（2）食用过多使人嗜睡、昏沉、不安，身心变得粗鲁，产生慵懒和不可遏止的欲望。

下面列举一些生活中常见的"低能量"食物及其特点，供大家参考。

（1）加工食品

如汽水、碳酸饮料等。汽水会腐蚀牙齿，刺激胃酸，消耗身体中的钙质。碳酸饮料含糖分太多，钠离子还会造成身体电解质不平衡，加重肾脏负担，特别不宜在晚上饮用。

（2）冰冻食品

如冰棒、雪糕等。低温的食物会刺激食管发炎、降低胃的蠕动。

（3）烧烤、油炸食品

烧烤和油炸食物中的反式脂肪酸、高盐和高脂肪等成分会对心血管系统造成损害。高盐会升高血压，反式脂肪酸和过量的脂肪会导致血脂异常，这些因素综合作用，会增加冠心病、动脉粥样硬化等心血管疾病的发病几率。

（4）刺激性食品

如烟、酒、咖啡、可可、茶及含咖啡因的饮料等。烟会阻塞气脉，酒会麻痹脑神经，咖啡会刺激心脏，可可对肾、肝不好，浓茶会刺激胃。

（5）加太多调味料的食品

当人体摄入过量的盐时，身体会为了维持渗透压平衡而留住更多的水分，从而导致血容量上升，加大心脏和血管的负担，久而久之，会使血压升高。高盐饮食是高血压的重要危险因素之一。长期食用高糖食物会影响血糖，身体为了调节血糖，胰腺会不断分泌胰岛素。此外，高糖饮食还会引起血液中甘油三酯、胆固醇等脂质成分升高，导致血脂异常。

（6）不易消化的食品

当食用过多不易消化的食物时，胃肠的负担会大大加重。胃肠需要花费更多的时间和精力来分解和吸收这些食物。消化系统和睡眠之间有着密切的联系。如果晚上食用了不易消化的食物，胃肠在夜间还在努力工作消化食物，可能会导致身体不适，影响睡眠。当胃肠消化不易消化的食物时，身体会将更多的血液分配到胃肠系统来帮助消化。这会导致心脏需要更加努力地工作来泵血，增加心脏的负担。

（7）含防霉剂、抗氧化剂、防腐剂的食品

这些食物会对肝、脑、神经系统造成不良影响，最好不要吃。

总之，我们应该多选择"高能量"食物，少吃或者不吃"低能量"食物，多吃含叶绿素的蔬果。

同时，我们要注意合理的食物搭配和烹饪方式。

合理的食物搭配有助于营养物质的吸收。比如，菠菜中含有草酸，它会与钙结合形成草酸钙沉淀，从而影响钙的吸收。所以，在食用菠菜等草酸含量高的蔬菜时，最好先焯水，去除草酸。

不同的烹饪方式对营养物质吸收有不同的影响。比如煮、蒸等烹饪方式相对温和，能够较好地保留食物中的营养成分。而油炸会使食物中的脂肪含量大幅增加，同时可能破坏一些维生素。比如土豆油炸时会使土豆中的维生素C大量损失，而且吸收过多的油脂对健康不利。

将食物粉碎或细化可以增加食物与消化酶的接触面积，有利于消化吸

收。所以，将谷物磨成粉后制作成面食，比整粒谷物更容易消化吸收。

调坐卧

睡眠对人类的身心健康有着极其重要的作用。当我们睡眠质量良好时，整个人的精神状态会更加饱满，身体也更加健康。这种良好的身心状态会积极地影响我们对生活的感受，提高生活满意度和幸福感。相反，长期睡眠不足可能会导致生活质量下降，引发一系列身心问题。良好的睡眠在静坐中也是很重要的部分。

不正确的睡眠通常有四种：睡眠过多，会造成我们大好时光的浪费；睡眠过少，白天消耗的能量不能得到有效的修补，精神倦怠，疲乏无力；吃过饭以后马上睡眠，影响消化功能；饿着肚子睡觉，影响血糖和睡眠。

综上所述，对于静坐调睡眠，我们要有一个清醒的认识，既不能懒惰贪睡，也不能过分强求效果而不睡，要保持一个不偏不倚的状态，该睡觉时很快入眠，该清醒时很快清醒，这样才能真正达到身心健康。

平时应该怎样调睡眠呢？按照以下几个原则调整睡眠，对于练习静坐具有极大的促进作用。

（1）在子时之前入睡

很多医生都会告诫病人，要在晚上 11 点前睡觉。在中医理论中，如果每天子时（晚上 11 点至凌晨 1 点）前不睡觉，可能会引发多种不良后果。为什么呢？

生物节律与人的健康关系密切。如果人的"生物钟"和大自然的节律合拍、和谐、融洽，就能"以自然之道养自然之身"。子时不睡觉会打乱人体的生物钟，影响免疫系统的正常节律。长期这样会导致免疫细胞的活

性降低，身体抵御外界病菌的能力减弱。

子时不睡觉会使大脑和身体得不到充分的休息。大脑在白天经过长时间的工作后，需要在夜间进行自我修复和能量补充。如果缺少子时的睡眠，第二天就会感觉疲劳、困倦，注意力不集中，记忆力减退。这是因为大脑细胞没有得到很好的恢复，神经递质的合成和释放会受到干扰，影响大脑的正常功能。

总而言之，熬夜伤肝，日久伤肾，身体气血双亏，即使天天吃营养品，坚持锻炼身体，也不能挽回睡眠不足带来的伤害。

（2）午时小睡或静坐养神

上午11点至中午1点，为阳生之时。此时如果不能睡，则可静坐15分钟，闭目养神。凡有心脏病的人每日在这个时间段小憩一会儿，则元气日强，无心悸、腹泻之病。经常静坐的人都深有体会，正午只要闭眼真正睡着3分钟，等于睡两个小时，下午会精神百倍。

（3）睡时宜一切不思

中医认为，人睡觉是"先睡心，后睡眼"，在睡觉的时候，最好不要思考任何事情。因为当我们的大脑进行思考时，大脑神经细胞会处于活跃状态。比如睡前回忆过去的不愉快经历，大脑就会像一台正在运转的机器，很难平静下来进入睡眠所需的放松状态。如果在睡前思绪万千，比如思考紧张的工作任务，大脑会不断地对这些信息进行处理和分析。这种兴奋会导致入睡时间延长。实际上，对于现代人来说，要想在晚上11点前入眠，早早地上床酝酿也很关键，给心一段慢慢沉静下来的时间。如果睡前有心事，就不要在床上辗转反侧，这样最耗神，可以在睡觉前简单地压腿，然后在床上自然盘坐或者跏趺坐，两手重叠放于腿上，自然呼吸，感觉全身毛孔

随呼吸一张一合。

（4）尽量早起

春、夏、秋三季我们应尽量在凌晨5点之前起床，凌晨3-5点是肺经经络运行的时间。此时，肺经气血运行最为旺盛，人体的呼吸和循环系统会处于一种相对平衡的状态，有利于肺部的排毒和呼吸功能的发挥。

早晨5-7点是人体大肠经最旺的时候，人体需要把代谢的浊物排出体外，此时如果不起床，大肠得不到充分活动，无法很好地完成排浊功能，使浊物停留而形成毒素，危害人体血液和脏腑百骸。

早晨7-9点人体胃经最旺，9-11点人体脾经最旺，这时人的消化吸收运化的能力最好，正是享用早餐以吸收营养的时间。如果这时还不起床，胃酸会严重腐蚀胃黏膜，人体在最佳吸收营养时间得不到营养，长此以往会患脾胃疾病，造成营养不良、中气塌陷。所以，赖床常会造成头昏、疲惫不堪等情况。历史上康熙皇帝、名臣曾国藩等名人都有凌晨三四点钟起床的习惯。

现代医学证明，早睡早起的人精神压力较小，不易患精神类疾病。

（5）睡眠起居注意事项

夏日炎炎，不开电扇、不开空调，哪能睡得好？最好的办法是，将房门窗户关上，然后打开空调，不要待在房间，出去散步，回来后房间温度降了下来，关空调，训练自己尽快进入睡眠。这是夏天的养生之法。

晚上不能暴饮暴食。中医说：胃不和则卧不安。如果胃出现问题，就会睡不好觉。暴饮暴食看似影响的是胃，其实危害最大的是睡眠。

睡觉时四肢要暖。应该在睡觉之前把手脚捂暖，同时盖好手脚和肚脐。平时肾阳虚的人，治疗期间睡觉时可以穿上棉袜子和戴上手套，坚持一段

时间效果会非常明显。

睡觉的姿势以右侧卧为佳。右掌心为火，耳为水，二者形成水火即济，在人体中形成心肾相交。久之，养心滋肾。

调身、调息、调心

在静坐时，身、息、心三者有紧密的关系。

一、调身

关于调身，我们主要从静坐的姿势和步骤两方面来谈。静坐的姿势最要紧的是立身端正，身首四肢切勿摇动，或者重心不稳，前俯后仰，左右扭曲。

静坐姿势一：双盘。双盘也称为跏趺坐，分为吉祥坐和降魔坐两种。吉祥坐是先将右脚放在左大腿上，再将左脚放在右大腿上，两脚心向上。而降魔坐则是先将左脚放在右大腿上，再将右脚放在左大腿上。这两种姿势都要求腿部交叉盘起，尽量使双脚放置得稳固和平整。先盘左腿，令左脚指置于右腿上，再将右腿置于左腿上，两膝贴着坐垫；身体朝向正前方，稍缩下颚，使鼻和脐相对，垂肩，含胸，拔背，尾闾中正，变成不曲不耸的姿势。其次，两手交叠，以左手掌置右手掌上，两拇指微微相接，置于右脚上。然后，双唇合拢，舌抵上颚；两眼轻闭，遮断外在光线。双盘坐好后，身体要保持正直，脊柱要像一串铜钱一样，节节向上堆叠，保持自然的生理弯曲。

静坐姿势二：单盘。方法如同双盘，但盘左腿，右腿内缩，右脚跟贴紧会阴穴。

静坐姿势三：散盘。关节僵硬、活动度差的人或老年人，可以自由盘坐，甚至可以坐在凳子上，双脚垂下。

静坐调身可按以下五个步骤进行：

（1）宽衣解带，取下束缚性的东西，如眼镜、手表、项链、腰带、腹带等。在静坐前，换上宽松舒适的衣服。

（2）坐在坐垫上，活动身体，舒筋活血。

（3）一步一步调整姿势。

（4）张口，徐徐出气，再闭口，鼻纳清气，连续3次。

（5）舌抵上腭，两眼轻闭。

二、调息

调息就是调节呼吸。在静坐的语境中，"息"不仅仅是简单的呼吸动作，它更强调呼吸的深度、节奏和状态。通常包括"风"、"喘"、"气"、"息"四个层次。关于调息，我们从呼吸的相状和调息的方法两方面来谈。

呼吸的四种相状：

（1）风相。呼吸时声音粗糙，像风刮过一样，气息比较急促，这是最浅的呼吸状态。

（2）喘相。呼吸不顺畅，有喘息的感觉，气息进出不均匀。

（3）气相。呼吸比较平稳，但仍能感觉到气息在鼻腔或喉咙进出。

（4）息相。"息"是一种非常细微、深沉、均匀且几乎难以察觉的呼吸状态，此时身心处于高度的宁静与放松状态。

对于以上四种呼吸的状况，最适合静坐的就是息相，它最容易使我们进入到"定"的状态当中去。其他三种均为不调相。比如喘相中气息大小不定，不容易配合调息法，如果着意调息的话，将使结滞的情况更加严重，甚至造成气郁的病症。

正确的"息"能够调节身体的生理机能。当呼吸深沉而均匀时，身体会得到充足的氧气供应。氧气通过血液循环输送到身体各个器官，有助于维持器官的正常运转。例如，在静坐中，随着呼吸逐渐进入"息"的状态，心肺功能得到优化，心脏跳动更加平稳，肺部的气体交换更加充分。同时，这种深沉的呼吸还可以放松身体的肌肉，减轻身体的紧张感。因为当身体感知到呼吸的平稳和充足的氧气供应时，会自动放松肌肉，就像人在放松状态下呼吸自然会变慢一样，这是一个相互促进的过程。

从中医的角度来看，气息的调节与人体的经络气血也密切相关。通过调节息，可以引导气血在经络中顺畅流通。

调息的方法：尽量把意识放在丹田部位，但是不要过分刻意，身体四肢放轻松，不受拘束，同时要保持端身正坐。在这样的状态下，观想气息走遍全身，由毛孔出入，仿若通畅而毫无障碍一般。此时，气息由粗入细，绵绵密密，仿若有，又仿若无，成为不涩不滑的相状。

三、调心

调心指对内心的杂念、烦恼和妄念进行克制和转化。调心意味着对自己的情绪进行调整和管理，培养积极向上的心态。中医认为心主神明，调心对于身体健康至关重要。情绪的波动会影响心脏的功能以及气血的运行。例如，长期的情绪压抑或者过度的喜怒等情绪变化会导致心气郁结或者心气涣散。调心在这里就是要保持情绪的平和，通过情志相胜等理论来调节情绪。如怒伤肝，悲胜怒，当一个人怒气太盛时，可以通过引导其产生悲伤情绪来平衡，从而达到调心和维护身体健康的目的。通过观察，我们可以把现代人们心不调的情况归结为六大类：

（1）平时对欲望很少克制，放任自己的躯体和精神屈服于自己的欲望。这直接导致在静坐的过程中杂念丛生、漂浮不定，不能进入专一的状态。

（2）过度劳损。过度劳累奔忙会使身体十分疲累，从而没有精力好好

练习静坐。

（3）晚上不睡觉，早上睡到中午，黑白颠倒。这样的生活方式会造成四体不勤，行止懒散，静坐时，会发现肢体松弛，精神萎靡。

（4）平时对周围人和事抱有怨恨之心。这类人在静坐的过程中会产生怨恨并因心情郁闷出现身体疼痛。

（5）平日心神不宁，处事急躁，或容易担惊受怕。这类人静坐时会心生恐怖，易受惊吓，或呼吸不畅，或坐立不安。

（6）平日劳动或者用脑过度。这类人静坐时心神昏沉，身体姿势不端正，时间长的话甚至口中会流口水。

静坐时，若心好飘动，应当把心念向下，集中注意在脐中或下丹田，心既下沉，则轻浮的乱想可制伏，心即定住，易于安静。

如果静坐时感觉心念昏暗欲睡，头渐渐向下低垂，则应当提振精神，挺起脊梁，提起意念，把意念集中注意到鼻端或眉心上面去。总之，心不浮不沉，才是心的调和之相。

具体的调心方法，我们将贯穿在后面一章"有条不紊练静坐"中详细讲述。

静心小贴士

晚上熬夜、白天补觉的方法，并不能让身体完全恢复。长期熬夜会导致身体的内分泌失调，例如影响褪黑素的正常分泌。褪黑素是一种由人体脑内松果体腺分泌的胺类激素，分泌量具有昼低夜高的特性，对于昼夜节律的调节和睡眠的诱导起到重要作用。熬夜会使褪黑素分泌规律紊乱，即便白天补觉，这种紊乱也很难立刻调整。

练

有条不紊练静坐

静

迅速入静的方法

生物之以息相吹也。

——[战国]庄子

很多初练静坐的人会发出这样的疑问：我每次练习静坐，感觉只是坐了下来，却很难静下来，该怎么办呢？

静坐最难的就是排除杂念，进入入静状态。我们的祖先给我们留下了对付难以入静的"六字诀"方法，即嘘（xū）、呵（hē）、呼（hū）、呬（xì）、吹（chuī）、嘻（xī）。

六字诀最早见于陶弘景所辑的《养性延命录》，该书引述仙经云："吐气有六者，谓吹呼嘻呵嘘呬，皆出气也。"在五行上，六字诀还与脏腑一一对应，比如嘘字诀主肝属木、呵字诀主心属火、呼字诀主脾属土、呬字诀主肺属金、吹字诀主水属肾、嘻字诀主三焦属气。

六字诀的作用就是通过调息，牵动不同脏腑经络气血的运行。让入静自然发生。静坐时，我们可以这样做：

（1）如果心烦意乱，可以将六字诀按照五行相生之顺序：嘘、呵、呼、呬、吹、嘻，每个字念6次为1遍，6个字36次为一轮。一般做1-2轮即可。

（2）当你静下心来后，轻轻吐"呵"字音，吐气的时候别出声。

（3）平时吃饭要清淡，这样在你安静修炼的时候，身体里的气血能更顺畅地流动。每次吃完饭，马上轻轻吐几下"呵"字音，把吃饭产生的热气、浊气呼出去，能让你的肠胃更舒服。

（4）要是偶尔喝了点酒，就张大嘴吐几次"呵"字音；要是喝得多，就多吐几十次。

（5）要是静坐的时候老觉得腰膝冷，早上太阳出来的时候，就练"呬"和"吹"这两个字诀。因为"呬"和肺有关，肺好了，对肾也有帮助；"吹"能去掉冷气，还能补肾。练这两个字诀，能把腰膝的冷气排出去，让肾阳更旺。

（6）要是肝不好，眼睛看不清楚，早上睡醒先别睁眼，用双手拇指背搓热，然后趁热敷在眼睛上，从眉毛敷到下眼眶，敷14次。敷完后，突然把眼睛睁大，嘴巴也张大，吐一口"呵"字音，对眼睛有好处。

静心小贴士

老寒腿在医学上多称为膝关节骨关节炎，是一种以膝关节软骨退变和骨质增生为主要特征的慢性关节疾病。它的发病与年龄、肥胖、创伤、劳损、遗传等多种因素有关，寒冷和潮湿是常见的诱发因素。

六字诀养生祛病法

心如潭水静无风，一坐数千息。夜半忽惊奇事，看鲸波瞰日。

——［宋］陆游

六字诀本身就能够调理脏腑，健康身体，甚至治病。六字诀本质上不就是六种声音吗？声音如何治病呢？很多人都曾发出过这样的疑问。令世人惊叹的是，我们祖先早已发现声音确实是可以治疗疾病的。

《黄帝内经》中说："五脏有声，声各有音。人有五音，即宫、商、角、徵、羽，其声大而和、轻而劲、沉而深，声音相和则无病。"这就说明了五音连着五脏，故中医诊病时，可以听其声而知病，并利用声音来治疗疾病。

近代少林著名武僧妙兴这样描述六字诀："每日子后午前（古代"子后午前"唐朝前是0：00-12：00，唐朝后是23：00-11：00。），静坐叩齿咽津，念此六字，可以去五脏之病，而强壮内膜，惟宜轻念，耳不闻声。又须一气直下，效应如神，道院多习之。"他所表达的意思是每日子时午前，静坐叩齿咽津，念这六个字的发音，可以强壮脏腑、祛除疾病。但是一定要轻念，念的时候自己的心能够听见，而不是耳朵能够听见。

"五行相生通治法"与六字诀通用治病法密切相关。六字诀的顺序是按照五行相生的顺序：嘘、呵、呼、呬、吹、嘻，每个字吐6次为1遍，6个字36次为1轮。健康人1天做1轮即可，治病可根据病情每天吐2-4轮。

为何按此相生顺序吐纳利于健康？这源于五行相生理论在人体脏腑的对应体现。木能生火，在身体里，肝气能帮着生心气。当你念"嘘"这个音的时候，能疏通肝气；念"呵"，能疏通心气。而且肝能藏血，血能去滋养心，肝要是功能正常，心脏也能跟着更强壮。火能生土，也就是心气能帮着生脾气。心阳能化生脾阳，所以人心情好的时候，心阳正常，吃饭就香，消化也没问题。土能生金，脾气能生肺气。脾胃要是功能好，不光能消化食物、给身体提供营养，还能运化水湿，把痰去掉，让肺更健康。一般消化好的人，不容易感冒咳嗽。金能生水，肺气能生肾气，肾气也能反过来帮助肺气，金和水是相互帮衬的。要是肺气虚了，医生常常会通过滋补肾气来调养肺气；要是肾气虚，有时候也会先从脾胃调理，或者先补肺再补肾。水能生木，肾气能生肝气。肾就像是肝的母亲，肾精能滋养肝阴，这样就能防止肝阳太旺。

身体哪个脏腑如果突然不舒服，可以只吐六字诀里的一个字或者两个字来治病。比如说心里烦闷，或者眼睛红了，就吐"嘘"字音；夏天太热，嘴里长疮或者心脏不舒服，吐"呵"字音；消化不好、肚子胀、拉肚子，吐"呼"字音；想预防感冒或者刚好有点感冒咳嗽，吐"呬"字音；要是肾虚、腰疼、腿冷，吐"吹"字音，吹字功最好先念"呬"再念"吹"，这两个字一起补肾效果最好；要是突然耳鸣或者心里烦热，或者患有胆囊炎、胆结石，就念"嘻"字。

"虚者补其母法"是说要是子脏虚了，就补它的母脏。比如说心慌、

失眠、多梦、出汗多、记性不好，就吐心之母—肝对应的"嘘"字音，吐音要轻，这样能让肝的气血去帮心的气血，就像母亲身体好，孩子也能壮实。

"实者泻其子法"是通过调整"子脏"的功能状态，间接治疗"母脏"实症。比如说肝炎患者脾失眠、烦躁、暴怒、身热、肚子痛，这是肝火旺盛，就用肝之子—心对应的"呵"字音平心气，把肝火泻掉。

"五行相克法"就是抑制太旺的脏腑。只要相克的方法对，就能让太旺的脏腑恢复正常。比如说金克木，肝属木、肺属金，肝阳太旺头疼头晕，就用肺金克肝木，吐"呬"字音克肝阳，能治头疼。

"母子皆病同练法"是说要是母脏或者子脏都病了，就用母、子两个脏对应的音一起练。比如说脾胃先病，然后肺也病了，这就是母病及子，因为土能生金。

不管是母病及子还是子病累母，都要母子两个音一起练，根据病情，定练的次数，先吐母音再吐子音。

六字诀吐纳法依据五行生克，通过吐纳调节脏腑气血，达到防治疾病、养生保健目的。它简单易行，不受场地、时间限制，适合各年龄段人群。坚持练习，能增强脏腑功能、提高免疫力，让身体更健康。不过，练习时要根据自身情况调整，若有严重疾病，应先咨询医生。

冬季静坐注意事项

菩萨身虽远离众生，心常不舍，静处求定，获得实智慧以度一切。

——［古印度］龙树菩萨

每到冬天静坐时，我们就会感觉腿的灵活度下降，盘腿要比夏天困难。这是怎么回事？

冬天人会感觉身体紧绷有以下几个原因：

冬天天气寒冷、空气干燥。人体皮肤为了适应这种环境变化，会减少汗液的分泌。皮肤表面的油脂也会相对减少，这使得皮肤的保湿能力下降。

另外，皮肤中的血管在寒冷刺激下会收缩。当皮肤血管收缩时，皮肤的血液循环会变慢，营养物质和水分的供应也会相应减少，进一步导致皮肤干燥。

人体有一种自我保护机制，当暴露在寒冷环境中时，为了减少热量散失，肌肉会发生不自主的收缩，也就是打寒颤。而且，即使没有明显的寒颤，肌肉也会处于一种相对紧张的状态。这是因为寒冷刺激了皮肤里的冷觉感受器，通过神经传导使肌肉收缩。

应对天冷静坐肢体紧绷的办法就是拉筋。我们快来学习一种最简单也

最不痛苦的拉筋方法吧!

（1）坐在床上，背伸直，此时腰一定要挺起来。早期可以靠墙练习。

（2）弯曲膝盖，脚掌对脚掌，脚尖脚跟对齐放在床上，两腿分开，腿内侧朝上，两腿膝盖朝向外侧。两个脚跟尽量靠近身体。

（3）双手抓住对好的脚掌，使劲让两腿膝盖同时往下用力，尽量让膝盖、大腿贴到床上。时间和次数自行掌握即可。这个动作的关键是保持腰和背的直立，一定不要让上身重量压在臀部。

（4）放松大腿，保持第2步的状态。在挺直腰背的情况下尽量将胸往前下方贴，也就是用胸去靠近抓着脚的两只手。这时候会感觉腹股沟处有压力和撕扯感。时间和次数自行掌握即可。这个动作的关键是保持腰和背的直立，且一定不能含胸。不含胸有个窍门，就是胸下压的时候脸朝向前方，把脖子拉长。

此外，冬天静坐的时候可以多练习晃海。晃海是一种自我保健运动，是在静坐的基础上，轻柔地旋转、摇晃上身，这种圆周运动可以拉伸和放松腰部和脊柱周围的肌肉。同时，晃海的动作对腹部脏器也有一定的按摩作用。当身体转动时，腹腔内的肠胃等器官也会随之受到轻柔的挤压和按摩。这种按摩可以促进肠胃蠕动，增强消化功能。对于肠胃功能较弱、容易便秘的人来说，晃海是一种简单有效的辅助保健方法。

晃海的最佳练习时间可以选择在饭后1-2小时，避免在刚吃完饭就进行练习，以免影响消化。每次练习的时间可以根据自己的身体状况和时间安排来决定。练习晃海的具体方法如下：

（1）平坐或盘腿坐，两手放在两膝盖上方，以舒适、放松为度。头正，身直，鼻对脐，自然静坐片刻。然后轻轻放松身体，先从右向下俯身，继

而向左旋转、舒身、上起，转1圈，归于原位。接着向左下俯身，向右旋转、舒身、上起，转1圈，归于原位。左右各转18-36圈，最后还原成静坐姿势。

（2）如用平常坐式，以坐木凳为宜，但臀部只坐凳面的前1/3-2/3处，两脚分开，与肩同宽。若用单盘坐时，左脚在上则应自右向左旋转，右脚在上则应自左向右旋转；反方向旋转时应调换脚的位置；俯身旋转时以腰为轴，以鼻对脐为准（不要仰头）。转身、俯身的高低以适宜为度，头昏、血压高、胸闷等可高些，胃肠病等可不高不低，腰背、四肢酸痛可低些。

原则上的要求是慢、匀、松、静。想象海阔天空，全身徐徐晃动，似与大海之气融为一体……

除了拉筋运动，冬季静坐在环境方面也要注意。静坐的环境至少要让身体觉得温暖，而不致因寒冷而出现畏惧的心理。室内温度最好保持在18-25摄氏度之间。如果在静坐过程中感觉寒冷，可以适当地调整衣物或者使用保暖设备。但穿着要宽松舒适，紧身的衣服会限制身体的血液循环和呼吸，不利于静坐。如果家有暖气，练习时间适宜选在傍晚，因为筋骨活动了一天，练习后也不会受到室外寒冷的侵袭，经过暖和舒适的休息，练习的成果自然得到了巩固。另外要注意，冬季空气比较干燥寒冷，在呼吸时可以尝试让空气在鼻腔内稍微停留一下，使空气变得温暖湿润后再进入肺部。同时，要注意呼吸的深度和节奏，避免因为寒冷而呼吸急促或者浅短，保持平稳、深沉的呼吸有助于维持身体的温暖和放松。

传统静坐姿势七支坐法

对于静坐练习者来说,掌握正确的坐姿极其重要。七支坐法是一种传统的静坐姿势,在佛教的禅修以及瑜伽练习等诸多领域都被广泛应用。

七支坐法对身心健康有多方面的益处:

一、改善体态与骨骼健康

现代人长期伏案工作,容易出现脊柱侧弯、驼背等问题。七支坐法强调脊直、肩平和头正,这种正确的身体姿势有助于纠正日常生活中的不良体态。

正确的坐姿也有助于保持骨盆的中正。双足跏趺坐的姿势能使髋关节、膝关节和踝关节等关节得到适度的伸展和锻炼,增强关节的灵活性和韧性,减少关节疾病的发生。

二、促进血液循环

当身体保持七支坐法的姿势时,身体处于一种相对稳定的状态,心脏的负担会减轻。同时,头部的中正和肩平有助于颈部血管的畅通,保证大脑的血液供应,减少头晕、头痛等症状,使大脑能够得到充足的氧气。

三、调节呼吸功能

双手结印放在丹田位置以及脊直的姿势有助于引导气息下沉，使呼吸更加深沉、平稳。在这种姿势下，膈肌能够充分地上下运动，增加肺部的通气量。另外，舌抵上腭和紧闭牙关的姿势也对呼吸有一定的辅助作用。舌抵上腭能够使口腔内的津液分泌增加，津液可以滋润咽喉和气道，使呼吸更加顺畅。紧闭牙关可以避免在呼吸过程中口腔水分过度流失，保持呼吸道的湿润。

四、减轻压力与焦虑

静坐过程中，身体的放松姿势会向大脑传递放松的信号。例如，肩平且下沉、闭口等姿势能够让身体的肌肉逐渐放松，这种身体的放松会反馈到神经系统，使交感神经的兴奋性降低。交感神经兴奋会让人处于紧张、应激的状态，而七支坐法可以调节自主神经系统的平衡，让副交感神经发挥作用，使人进入一种平静、舒缓的状态，从而缓解压力和焦虑情绪。

对于静坐练习者来说，正确的坐姿有利于快速、稳定地进入"入静"状态，从而对身心的全面调整起到不可估量的促进作用。在七支坐法的练习中，练习者需要关注自己的身体姿势、呼吸和思维状态。这种自我观察的过程能够提高自我觉察能力，有助于深入了解自己的内心世界。

那么，什么是七支坐呢？它包含哪些内容呢？接下来，我们就一探究竟。

七支坐其实指的是我们肢体的七种规范要求。静坐姿势必须注意七项要点：即双足跏趺坐、竖直背脊、手结禅定印、平放肩胸、头正收下颚、舌抵上腭、收敛双目（微张）。"支"我们可以理解为支撑点或重点。支撑点是支撑重量的中心，就像跷跷板一样，中间有一个支点支撑两边重量，

两边便可以轻松地跷来跷去。同样的道理，如果把本小节所讲的七个重要架构、部位掌握好的话，静坐就会非常顺利。

以下是七支坐法的详细介绍：

第一支：双足跏趺坐

全跏趺坐（双盘）：跏趺坐的最大好处，是交叉腿与两膝平贴席上，底盘广大而坚实，可以四平八稳，安然而坐，有一种植根于大地之感。如此身体不动，心意更容易平静，有利于进入禅修状态。

练习时，先将右脚放在左大腿上，再将左脚放在右大腿上，使两脚心朝上。这种姿势比较稳固，有助于身体的平衡和安定。但对于初学者来说，可能因为腿部的柔韧性不够而觉得困难。很多人在刚开始尝试双盘时，会感到腿部酸痛，甚至难以坚持几分钟。不过，通过一段时间的练习，身体的柔韧性会逐渐提高。练习双盘没有什么窍门，只要多练，大多数人都可以练成。

半跏趺坐（单盘）：如果双盘有困难，可以采用单盘。即把右脚放在左大腿上，或者把左脚放在右大腿上。单盘相对双盘来说更容易做到，它也能在一定程度上保持身体的稳定，让练习者能够较长时间地静坐。对于初学者来说，双盘的时间不宜过长。刚开始可以从几分钟开始练习，身体适应后，逐渐增加时间，但每次最好不要超过30分钟。练习的频率也应该根据自己的身体状况来确定，一般一周可以进行3-5次练习。如果在练习后出现腿部肿胀、关节疼痛等异常情况，应该适当减少练习时间和频率，或者咨询专业人士的意见。

对于无法双盘及单盘的人，开始时还可以采用更简易的坐法，就是自然盘，也就是我们平时坐在地上时将两腿自然盘起来的状态，以后再循序

渐进。

第二支：背脊竖直

背部保持挺直，如同把脊梁骨像一串铜钱一样堆叠起来，节节向上。脊骨上达头部，下至尾闾，是支持全身骨骼、神经系统和主要五脏器官的主干，若能直脊，则精神旺盛，气血畅通，而且脊骨竖直对集中心力，减少妄念，加速得定，帮助甚大。这种挺直不是僵硬的，而是自然地伸展脊柱。如果脊柱弯曲，会影响气息在体内的流通。

下颚向下，类似于头部微微俯下的姿势，可以帮助背脊竖直，有利于压伏静坐中产生的妄念，令上行之气摄入中脉。

总之，背脊直不直，对打坐的影响很大，初练者一定要注意一开始就养成良好的习惯。

第三支：双手结印

一般会将双手结定印，即双手掌心向上，右手放在左手之上，两手拇指轻轻相触结成圆圈形，放在丹田（下腹部）的位置。这个手印的意义在于引导气息下沉，帮助练习者集中注意力，并且能在一定程度上调节身体的能量流动。就像是一种身体内部的"开关"，通过手的摆放姿势，让身心进入一种宁静的状态。

这一支的要点是必须将两拇指指尖微微接触，触后略向掌心内收，以两指笔直，自觉有一股内劲自然发出，互相接触为标准。两拇指指尖轻轻相抵，可在心理上产生一种平衡感与宁静感，且能令气摄入中脉。

第四支：放松两肩至平衡

双肩要保持平衡和平整，不能一高一低或者向前缩、向后张。放松肩

部的肌肉，使它们自然地向下沉。紧张的肩部会导致上半身的僵硬，也会影响情绪和思维的放松。将两肩肌肉放松到感觉无肩、无臂、无手的状态。

肩胛是肩部的重点，坐好后头顶上领，整条脊椎上拔伸直，两肩膀往后张开，胸部自然就挺出来，然后从上而下顺势放松，上半身便处于自然松直的状态。肩胛是下气上行的必经之处，所以如果弯腰缩肩，真气就上不来，气上不来就会想睡觉，这也是气不具足的表现。

第五支：头部不偏不倚

头部要保持中正，不偏不倚。下巴微微内收，使颈椎保持在自然的生理曲线上。这样可以保证头部的气血顺畅，避免因为头部姿势不当引起头晕等不适。这就好像一个端正放置的物体一样，头部正了，整个人的气场也会更加稳定。

第六支：口合与舌抵上颚

嘴唇轻轻闭合，牙齿自然地轻轻相扣，舌尖自然微抵上牙龈的唾液腺。在中医理论中，舌抵上颚被认为有助于沟通任督二脉，促进气息循环。做这个动作的时候，口中会自然生出口水，这个没关系，积到口水多时就分小口吞下去，对身体也是有好处的。古人说："津即咽下，在心化血，在肝明目，在脾养神，在肺助气，在肾生精，自然百骸调畅，诸病不生。"现代研究也证明，口水里面有很多的唾液淀粉酶，它可以用来消化吃进去的淀粉。

无论何时，只用鼻息，不可张口呼吸，除非有鼻病。从结构上来说，鼻孔有毛，可以阻止灰尘与微生物进入呼吸道，减少呼吸道疾病。

第七支：眼微张，直视前方

眼睛是最敏感、易受外物吸引，进而影响情绪的器官。如果控制得宜，对静坐大有裨益。眼睛微张，闭八分开二分，即眼睛睁开一条小缝，视线落在前方1米左右的地面上。这样既可以避免外界视觉的干扰，又不至于完全闭眼而产生昏沉或者入睡的状态。此时，眼前意会到光，模模糊糊地能看到一些东西。要注意不能着意去看，这种情形有点像我们快睡着的时候，可以感知到光，又看不清楚的样子。如此便能避免胡思乱想。微张眼睛，心意会守在眼睛处，气容易走到眼球，开发出视觉潜能。

在进行七支坐法练习时，需要注意的是要循序渐进，不要强迫自己达到某种标准姿势。如果在练习过程中出现疼痛或者不适，应该适当调整姿势，避免受伤。并且，要在一个相对安静、舒适、通风良好的环境中进行练习。

静心小贴士

游泳能够锻炼全身肌肉，增强脊柱的稳定性，同时减轻脊柱的负担，缓解长时间坐姿或站姿带来的疲劳。在游泳过程中，身体在水中呈水平状态，脊柱受到的压力较小。不同的泳姿对脊柱的锻炼效果也有所不同，如自由泳可以锻炼脊柱的旋转和伸展能力，蛙泳可以增强脊柱的柔韧性和协调性。

练习双盘有技巧

上一节我们提到，双盘坐是静坐练习过程中非常必要又比较痛苦的环节，为了帮更多的人更好地进行双盘的练习，这一节我们来详细分享一些双盘的经验。

· 双盘看起来很难，其实经过坚持练习，都可以练成。如果30多岁开始练，只要勤加练习，很快就可以完成。即使60岁开始练起，也可在1年左右练成。

· 每天试着先练单盘，等到腿脚柔软的时候试着双盘，直到盘上，忍痛坚持一会儿，长期练习便能坚持的时间越来越长。

· 开始练几天之后，会出现持续的腿疼，然后会腰疼，甚至不练的时候也会疼。但是经过一个阶段的练习，待双盘练成后，静坐后就不会再腰疼。因为练习静坐后肾气充足了，会把脊背顶得很直。

· 双盘这种坐姿，实际上是让脚踝压住了大腿内侧的大动脉。当处于这种姿势时，为了让动脉畅通，心脏会加大泵血的力量，这样一来，腿部的血脉就能被打通。在腿部气血被打通之前，因为双腿是盘坐着的，这就形成了一种阻隔。这种阻隔使得动脉的血流量有所减少，而全身的血液大部分都集中到了上半身。与此同时，心脏还在不断地加大供血力度。大量的血液供给能让脏腑机能迅速得到改善，并且还能促进大脑的血液供应。

·练双盘能迅速促进胃肠蠕动。

接下来,我们来了解适合大多数人的循序渐进双盘法的练习步骤。

第一步:床上压腿压胯

把两个脚掌对贴,双手按压两边膝盖,身体慢慢向前,做 20 次左右。开始单盘,这时候上面的腿会翘得很高,要用双手压这条腿的膝盖,一下一下地慢慢向下压,像揉面一样,每下压完的时候要稍微停顿一下,让膝关节有个适应的过程,直到压到膝盖能贴住下面的腿,也就是第一步要达到的标准。初压时,可以每压一会儿就休息 5-10 分钟,让腿有时间恢复。对于初练的人,这已经是个很难的动作。基本上,需要至少 1 个月才能压平。

练习的第一个月,身体的变化最大:基本上腿上的胃经、胆经、脾经都被拉开了。脾经疼的地方主要是小腿前面踝关节的内侧。胆经疼的地方主要是大腿外侧,这部分打通以后,消化功能增强,身体的吸收能力更好,气血上升。胆经经过头部,既可促进大脑供血,还可使肝火得到疏泄,睡眠质量会越来越好。

压腿可以每天早上练习 15 分钟,晚上练习 30 分钟。晚上要尽量多压,压完睡觉,让身体恢复。

这样坚持半年的时间,一般就可以做到上座后腿即能压平,而且不怎么疼。这第一步的练习要贯穿始终,直到你能轻松将腿盘上。

第二步:将上腿膝盖压到坐垫上

这个步骤会拉开膝盖外侧的筋络,为把下面的脚抬上来做准备。将下面的脚向前移动,使得上面腿的膝盖可以压到坐垫上,并与下面脚的脚跟贴平。

注意下面脚向前移动得不要太多,以上腿的膝盖压到坐垫时正好贴住下脚的脚跟为准。大约可以在第 3 个月就开始练习,并不需要第一步完全

达到之后再开始。

另外,关于练习过程中坐垫的调整也请大家注意。练第一步的时候,可以用软坐垫,到了第二步,就需要相对硬的坐垫才行。

第三步:将下面的脚垫高

用一个垫子,把下面向前移的脚垫高,高度要基本超过膝盖的宽度。

以下是我们在练习双盘时需要重点注意的事项:

(1)双盘中疼痛。这种疼痛表面上看是肌肉或筋骨疼,其实都是经络中经筋被牵拉的疼痛。

(2)经筋疼过之后,相应的脏腑就开始进入良性循环,这时候各种脏腑开始显现良好的变化。

(3)经筋的疼痛是轮流的,而且是循环的。疼过一遍之后,以前疼过的地方可能又开始疼痛。

(4)练习过程中,学会按摩很有必要,平时每天压完腿可以自己按摩几分钟。

(5)如果哪一天练完以后痛得特别厉害,第二天尽量好好休息,可以按摩或者热敷,让损伤的组织得到很好的休息。

静心小贴士

在办公室使用办公桌和办公椅进行工作时,要保持对身体有益的办公坐姿:①要选择高度可调节、有良好腰部支撑的办公椅,使双脚能平放在地面,大腿与地面平行。②坐下时,臀部应坐满整个椅面,腰部靠在椅背上,保持腰部挺直,让脊柱保持自然的生理曲线。③双臂自然下垂,手肘应保持在身体两侧,不要过度外展或内收,使手臂与桌面呈约90度角,减轻肩部和手臂的压力。

静坐呼吸调好心

> 人以天地之气生，四时之法成。
>
> ——《黄帝内经》

在静坐中保持稳定的呼吸节奏，就像为身心搭建了一个稳定的框架。稳定的呼吸节奏有助于调节神经系统，使大脑进入一种平静而专注的状态。接下来，我们来深入了解这项重要的功夫。

静坐呼吸4种方式

1. 喉头呼吸

呼吸短而且浅，仅仅在喉头出入，不能充分翕张肺叶，因此达不到充分吸氧吐碳的功用。

2. 胸式呼吸

这种方式比喉头呼吸稍好，气体出入能够达到胸部，充满肺叶。进行体操运动时就是采用的这种呼吸方式。

3. 腹式呼吸

腹式呼吸是一种主要依靠腹部肌肉运动来进行气体交换的呼吸方式，它是静坐练习调息中最关键的呼吸方法。当我们开始静坐并采用腹式呼吸

时，腹部的起伏动作会向身体发送放松的信号。随着空气缓慢地进入腹部，膈肌下降，腹部脏器得到轻柔的按摩，这种身体的感受会传递到大脑，使神经系统逐渐放松。

腹式呼吸有许多益处并且在多种场景下被广泛应用。比如码头工人，搬运装卸时发出的"哼哟"声，船工和纤夫喊唱的"船工号子"，打夯的人们唱"夯歌"时的领唱声与应答声，肚皮舞演员的肚皮的起伏、抖动、运转等。

腹式呼吸可分为腹式顺呼吸（包括深呼吸）和腹式逆呼吸。

腹式顺呼吸法，也叫"自然腹式呼吸"，是指吸气时让腹部凸起，呼气时压缩腹部使之凹入的呼吸法。腹式逆呼吸方法，也叫"改造自然反式呼吸"，与顺呼吸相反，吸气时腹部凹进，而呼气时腹部突出。两种呼吸的生理作用各有不同，我们需要结合个人的情况来选用。

腹式顺呼吸运用腹肌来加强横膈的运动，练习久了，可以扩大肺部容积，加强胃肠道及其附近毛细血管吸收营养物质的功能。练习腹式顺呼吸后会感到胃口好，营养足，精力充沛，尤其对于呼吸困难的喘病、肺活量不大的非活动性肺结核、心脏衰弱或消化失调的患者来说，是一种良好的休养方法。自然腹式呼吸又可作为腹式逆呼吸的准备阶段，进行这种呼吸不会发生副作用。

腹式逆呼吸运气行走于全身，刺激各神经末梢，扩大并疏通各毛细血管，这对治疗患处和加强肌肉力量有着重要作用。因为它的呼吸范围不仅直接影响心肺及胃肠的内脏，而且还影响脑部和四肢各组织。腹式逆呼吸宛如排挤脓浆，能消除内脏各处症结，使病灶充血生肌，早日愈结。这种呼吸吐纳量大，血氧高，循环好，健康人练了可以更加健壮，病人练了可以治疗疾病。

我们需要根据个人的健康状况、病种和病情来决定先练腹式顺呼吸，还是一开始就练腹式逆呼吸。如果是血液循环不好的人，可以直接做腹式逆呼吸。

此外，大家要注意调息：呼吸时丝毫不可用力，要使鼻息出入极轻、极细，自然到达腹部。

吸气阶段：用鼻子轻轻地吸气，将注意力集中在腹部。想象空气像清澈的水流一样，缓缓地流入腹部，使腹部像一个慢慢充气的气球一样向外鼓起。这个过程要尽量缓慢、均匀，让空气充分地填充肺部的下叶。吸气的时长可以根据自己的节奏来定，一般可以控制在3-5秒左右。

呼气阶段：用嘴巴轻轻地呼气，嘴唇微微嘟起，让气息均匀地流出。感觉腹部像泄气的气球一样慢慢回缩，将体内的浊气排出体外。呼气的时长可以稍长于吸气，大约4-6秒。在呼气的过程中，要将身体内的紧张情绪和杂念也随着气息一起排出。

4. 体呼吸

体呼吸是调息达到极致时的状态。静坐功夫达到一定程度时，人的身体好像进入无呼吸的状态，虽然有呼吸器官，但气息仿佛从全身毛孔出入。

为了使体呼吸能够正常而熟练，必须进行长时间的练习。静坐时，必须逐步做到无思无虑，因此体呼吸的练习宜在静坐的前后。

调整呼吸，这是学习静坐时的一项关键技能。要是呼吸不顺畅，内心就没法平静下来。而息相状态，就是静坐时最理想的呼吸状况。

对于那些平日里就习惯进行细微、平缓呼吸练习，并且已经静坐了一段时间、内心平静的人来说，一坐下来没几分钟，呼吸就会变得顺畅，甚至都感觉不到自己在呼吸，这样的人就不用再刻意去调整呼吸了，不然反而会让内心变得不安。因为只要内心平静不动，呼吸自然就会顺畅。不过，

对于初学者而言,常常会出现心烦意乱、呼吸不顺畅的情况。这时候,可以按照下面这两种方法来调整呼吸。

静坐时的调息功夫

前面已经说过,调和气息是学习静坐时的一项重要功夫,息相是静坐时最佳的呼吸状态。

1. 数息

数息就是在坐定以后,默数自己的呼吸。数息时不一定要注意呼吸的长短,也不一定要注意小腹。数息通常是数出息,每呼一口气,数一个数,从"一"数到"十"。但是,也有人数入息,这要看个人呼吸习惯。一般人呼气长、吸气短,但也有些人刚好相反。我们要数慢的,出息慢就数出息,入息慢就数入息。数呼吸时,发现了妄念,就需要马上回到开始。

遇到根本不能数到"十",或有时候数过头的情形,倒数比较好。倒数能让人的注意力更集中。比如从"二十"数双数,一直数到"二",再从"十九"数单数,一直数到"一"。

2. 随息

"随"是感觉的意思。在呼吸的时候,得用心去感受,而不是单纯依靠身体来呼吸,要直接用内心去体悟。呼气的时候要彻底,吸气的时候要饱满,这是一种全身都在参与的呼吸方式,可不只是横膈膜在做深呼吸。呼气的时候,要留意全身各个部位,一节一节地都能感觉到有气感,就好像身体一节一节地在松开;吸气的时候,要觉察到全身各个部位一节一节地在拉紧、收缩。

吸气有提神,让我们不昏沉,呼气可安神,让我们不散乱。

随息有两种分法。

第一种：把呼吸过程分为开始、中间、结束这三个阶段。要全心全意地去体会这三个阶段不同的感受。这就好比吃东西，刚开始嚼的时候是一种味道，嚼到一半的时候是另一种味道，嚼到最后味道又变了。食物在嘴里嚼动，味道也在不断变化。

第二种：把呼吸分为上、中、下三个部分，也就是鼻子、胸腔、丹田这三个位置。要去感受吸气的时候，空气从鼻孔进入，经过胸腔，一直到达丹田；然后再感受呼气的时候，空气从丹田出发，经过胸腔，从鼻孔呼出。

我们不用刻意地控制呼吸的长或短，也不用让呼吸忽长忽短，有任何长短变化，都是渐近的，自然呼吸就好。

静坐调心的方法

调息中的数息、随息等虽是调息的方法，实际上也是调心的好方法，因为专心数息时，心息相依。但我们的思想纷纭杂乱，最难控制，数息、随息等初步调心的方法还不够，还要进一步用更多的方法加以调伏。

调心的方法我们可以参考以下几种：

1. 系心一处法

大脑是一个活跃的器官，它会不断地处理信息、产生联想。即使在我们试图安静下来的时候，大脑也会习惯性地回顾过去的经历、计划未来的事情或者对周围的事物进行思考。这就像一台一直在后台运行程序的电脑，即使我们没有主动去操作，它也会自动运转。例如，在静坐时，可能会突然想起明天的工作任务。静坐变成一件极为困难的事情，那么，怎么克服在静坐的过程中随便产生妄念的情况呢？

先贤们在练习过程中悟出了"系心一处法"。所谓系心一处法就是放

下一切杂念，而专心存想脐间或鼻端，这样因心有所缘，渐渐纯熟，便不再胡思乱想。

静坐初学者最容易遇到两种情况：初坐时杂念丛生，不能收摄心神；静坐稍久，妄念较少时，又陷入昏沉乃至瞌睡状态。

我们心念专注在什么地方，血液也必集中在什么地方，系心脐间或脐下，能使血液下趋，有效提升丹田能量，有治病健身的作用。注意鼻端，则使心念向上，精神振作，避免昏沉。

佛家练习静坐为了对治初学者的邪思杂念，并治病保健，也借用意守丹田法。如隋朝智𫖮大师《修习止观坐禅法要》说："脐下一寸，名忧陀那，此云丹田，若能止心守此不散，经久即多有所治……若安心在下，四大自然调适，众病除矣。"

2. 返照内观法

系心一处法在静坐练习中属于较浅层面，需要长期的练习才能达到效果。在这里，我们学习进一步的练习方法——黄帝内视法。

我们的两目在日常生活中都会注视外物，当静坐时，可将两目闭合，向内细细返看自己的念头。对于来来往往，生灭不停的妄念，我们既不要去攀缘它，也不要去遣除它，耐心地静静地观照，前念起时一返照，前念便空，后念起时再返照，后念又空，这样形成一个良性循环，便获得了正本清源的调心方法。

孙思邈将黄帝内视法写进了《备急千金要方》中。他在书中提到，练功时取站、坐、卧均可，手足随意放置，两目轻闭，全身放松，一意存想体内五脏，一个个如悬挂的古式钟磬，光芒四射，五色分明。肝为青色，心为红色，脾为黄色，肺为白色，肾为黑色，按五脏相生的次序把一脏观想清楚后再想下一脏。

初学静坐的人，常会有这样一种感觉："不学静坐，妄念尚少，一学静坐，妄念反多了。"如何理解这个现象呢？这就好比室内的飞尘与阳光，门窗透入阳光，才见尘埃纷纷飞舞，如果没有阳光，那我们就很难看到尘埃。我们的念头忽生忽灭，本来很多，不过在平时不易察觉，一旦入静之后，它就能占据主导，涌上心头。所以能察觉妄念多是一件好事，说明我们开始对自身有了一定的了解。这就要求摒弃一切杂念，用坚定不移的毅力，精勤地练习观照功夫。

3. 意念系缘一境法

中国人的静坐方法，分成了两派：一是无为派，不作任何冥想，专注一事，端身正坐；一是有为派，采用意念系缘一境法。此意念系缘一境法又分3种：

（1）默念法

不必出声，心想默念。若血压低念"血压升高"，若血压高念"血压降低"。要注意所念内容一般不超过7个字，因为字多易生杂念。

（2）意念专守外境

用心去想身外之物。俗话说："笑一笑就少一少，恼一恼就老一老。"若人经常想开心事，就会健康长寿。如想象自己来到了森林里。高大的树木遮天蔽日，阳光透过树叶的缝隙洒下，形成一道道金色的光线。森林里有各种各样的动物、植物，鸟儿在枝头歌唱，松鼠在树上跳跃，还有各种珍稀的植物和菌类。

（3）意念专注内身

专注百会穴（头顶中间）。百会穴既是长寿穴又是保健穴，可以激发体内的阳气，调节心、脑血管系统功能。头部是诸阳之会，百脉之宗，而百会穴则是各经脉气会聚之处。穴性属阳，又于阳中寓阴，所以静坐意守

此处能够通达阴阳脉络，连贯周身经穴，对于调节机体的阴阳平衡起着重要的作用。

专注印堂穴（两眉中间）。健康的印堂具备3个特点：红润、明亮、圆润。红润要求白里泛红而鲜活，明亮是指印堂部位的皮肤具有健康光泽，圆润要求皮肤饱满而非皱缩。印堂过红代表血脂异常、血压高、脾气大、易中风；印堂凹陷表示先天心脏功能较差、心脏供血不足、易紧张、易患焦虑症；印堂发青说明心脏、大脑轻度缺氧；印堂发黄则说明人体气血不足、脾胃虚弱；印堂有川字纹说明心脏供血不足、易焦虑。静坐之时意守印堂，对健康极为有益。

专注膻中穴（两乳中间）。此穴就在两个乳头连线的中点。膻中穴是心包经的募穴，也就是脏腑之气汇聚的地方，所以又被称为气会。膻中穴和人体最重要的物质活动基础——气密切相关，和气有关的疾病，如气虚、气滞等都可以用它调治。生活中，有人受到刺激，或者生气了，气行不畅，气滞血瘀，心脏供血不足，常会发生捶胸顿足的动作。这时可以帮她按压膻中穴，促进心肌供血。年纪大点的人，由于经年累月的堆积，血管往往有些堵塞，平时可以经常按摩膻中穴，加强气的运行。

专注肚脐。肚脐又叫神阙，"神"是心灵的生命力，"阙"是古代皇宫大门前两边供瞭望的楼，借指帝王的住所，所以神阙又有"命蒂"之称。我们都知道，瓜蒂连着瓜秧和瓜果，没有了瓜蒂，便没有瓜吃，与其同理，小孩在没出生的时候就是靠着脐带从母体里吸收营养。脐是胎儿从母体吸收营养的途径，所以向内连着人身的真气真阳，能大补阳气；另外，任、带、冲三脉通过此穴，联系五脏六腑，所以如果各部气血阴阳发生异常变化，可以借刺激神阙穴来调整全身，达到"阴平阳秘，精神乃治"的状态。中医认为脐腹属脾，所以本穴能治疗脾阳不振引起的消化不良，四肢发凉怕

冷等多种疾病。

专注丹田。脐下是下丹田，在心窝处的是中丹田，在两眉间的是上丹田，其中尤以下丹田为重。下丹田亦名气海，全身之气集聚于此，然后由此分布遍身。若心贯注丹田，心到则气至，气到则力至，力到则血至，有力则使血液推至全身，这就是人们常说的"气海一穴暖全身"。如果心火不足，可借外火相助，用艾条灸下丹田，每次30分钟，早晚各1次，如此不仅驱寒，且能大补元气，畅通气脉。

专注涌泉穴。涌泉穴为全身腧穴中最下面的一个，是肾经的首穴。《黄帝内经》中说："肾出于涌泉，涌泉者，足心也。"这句话的意思是：肾经之气犹如源泉之水，发源于足下，涌出灌溉周身各处。因此，涌泉穴具有益精补肾、滋养五脏六腑的作用。在人体养生、防病、治病、保健等各个方面，举足轻重。经常把意识停留在此穴位，能活跃肾经内气、固本培元、延年益寿，特别对于治疗神经衰弱、精力减退、倦怠无力、妇科病、失眠、嗜睡症、高血压病、晕眩、焦躁、糖尿病、过敏性鼻炎、更年期障碍、畏冷等有很好的效果。

静心小贴士

　　深呼吸能够调节大脑的活动状态。在深呼吸过程中，充足的氧气供应可以使大脑细胞更加活跃，改善大脑的功能。同时，专注于呼吸的过程本身也有助于训练注意力。当我们将注意力集中在深呼吸的动作上，如感受气息的进出、腹部或胸部的起伏等，能够排除外界的干扰，提高专注力。

静坐关联日常生活

行到水穷处，坐看云起时。偶然值林叟，谈笑无还期。

——[唐]王维

你是否认真关注过这些问题：站立的时候身体是否保持静止和平衡的状态？走路的时候，双手和双脚怎样协调配合？工作的时候，是否可以集中精神？

毫不夸张地说，静坐可以让生活中的行走坐卧、言行举止，甚至学习和工作都得到改善。这也是静坐带给我们的最大好处。只有我们的动作和我们的思想保持高度一致，才能身心合一。那么，如何将静坐融入我们的日常生活呢？我们可以从以下几个方面入手：

一、以情感为筏，于静坐之海探寻心灵涟漪

人有快乐、愤怒、恐惧、悲哀、蔑视、嫉妒、羞愧等多种情感。要了解它们如何产生，如何发展，如何结束，就要清楚观察每一瞬间情感的变化。

练习一：以感官为基础的专心静坐

身体的感知器官是我们接受信息的感受器，我们的眼、耳、鼻、舌、身与外面世界接触后，马上就会产生感觉。比如我们看到壮丽的景色，思想上马上会有震撼的感觉；当我们听到一些噪声的时候，心里会变得烦躁；当我们饥肠辘辘时，忽然闻到饭菜的香味，我们的食欲马上会被调动起来。使用情感作为专注的对象，会了解情感的原来面貌，才能把情感控制得更好。

当然，如果在静坐时过度沉浸在开心的事情中，可能会导致注意力分散。静坐通常需要我们将注意力集中在呼吸或者当下的状态中，而过于生动的回忆可能会使我们偏离这个目标。比如，你可能会因为回忆一个有趣的游戏而陷入细节之中，忘记了自己正在静坐，从而影响了静坐的深度和效果。

练习二：每日生活中情感的静坐

在日常生活中通过静坐带给我们的思维锻炼，逐渐地形成控制力。比如面对垃圾食品的诱惑，强化贪食对身体和精神造成损伤的理念。

很多年轻人有晚上不睡，早上贪睡的习惯。这本身就是缺乏控制力的表现。贪睡的人们需要不断在大脑中强化：这是懒惰，现在我要起床。直到真的按时起来了，发现了世界的美好……慢慢地，就会在每天早上起床的时候升腾起欢乐的情感。

二、视精神状态为镜，在静坐时映照内心万象

借着静坐，可以让我们的心保持平静，不受内在或外来的扰乱；专心去观察内心的困惑和冲突，并观察它所有改变的情形。强而有力的心，才

能给我们带来快乐和极大的幸福感。

练习一：观察这颗心

静坐时要求我们坐着来观察这颗心，千万不要试图和我们的心进行战斗，控制我们的本心。

练习二：守住这颗心

无论何时，我们都必须单纯地观察自己内心的变化。比如工作的时候，感官的欲望、憎恨、嫉妒或其他有害于身体健康的意念会上升，并且扰乱心的平衡，这就是需要静坐的时刻——去检查这些伤害的源头。再比如，有的人看到同事比自己更快地得到自己想要得到的职位时，会产生嗔恨心或嫉妒心，这些人必须明白嗔恨心和嫉妒心的来源不是职位本身，而是来源自己的内心。我们如果能够明了这一点，并逐步地去修正自己的内心，才是真正在每天的生活中看守住这颗心。

三、将思维作弦，于静坐幽境聆听心灵乐章

我们要努力练习去认识思维的本来面貌，以及知道如何使用善的思维和防止恶的思维。假如我们想内心清静，就必须时常监视思维。

练习一：思维的专心

独自坐着，将心专注在思维上。此时我们要监视善的思维并同时观察它们如何影响我们的心，或者监视恶的思维并同时观察它们如何扰乱我们的心。

当这个练习达到某种程度，心就会得到和平、协调和快乐。慢慢地，我们将会了解如何去控制不善的思维和激发善的思维。

练习二：心的专心目标

静坐就是训练我们去维持专心。当清楚某些想法对我们和其他人没有危险或伤害时，必须试着去实现这些想法，使自己和其他人都得到幸福；当我们说话时，必须要小心地斟酌与判断，我们说的话是否会伤害他人。总之，我们生活在社会群体中，不论在想法、说话或行为上，都必须时刻注意，随时保持一颗健康的心。

在现代生活中，每个人都会面临许多匆忙、紧张的时刻和忧虑的境遇，这些会消耗很多内心的能量。我们可以把静坐作为一种思维训练的方式。在静坐过程中，尝试进行自我反思或者设定目标。比如，回顾一天的行为和决策，思考自己的优点和不足；或者在脑海中规划未来的计划，明确自己的方向。通过长期的训练，可以提高思维的清晰度和条理性。每天安排一些时间来练习静坐，以增强内心的力量，这对于我们每天的工作和进步有很大帮助。当我们完全清楚地觉察自己与他人时，即使处在纷扰的世界，我们的内心仍将安详、平静。

绘画作品有着强大的感染力，能触动人们的心灵。如古典油画达·芬奇的《蒙娜丽莎》，那神秘的微笑让人着迷，又如现代的抽象画，用色彩和线条表达艺术家的情感和思想，每一幅画作都像是一扇窗口，让人们看到艺术家眼中的世界。

练好静坐的要诀

一、坚持到底

"坚持到底"是一种非常重要的品质，它在个人成长、学习、工作以及生活的各个方面都有着深远的意义。练习静坐看起来是一件很简单的事情，但能够坚持坐下去并不容易。很多人一开始可能斗志昂扬，但渐渐就会觉得没有意思，进而产生退缩的心理。这就要求我们在坚持的过程中，学会自我激励。我们可以记录自己的进步，比如记录自己完成的小目标、取得的成果等。当感到沮丧或者想要放弃时，看看这些记录，回忆自己已经取得的进步，会重新获得动力。

通常情况下，人们在练习静坐的时候，早期的强迫坚持非常重要，尤其是第1周，很容易前功尽弃，坚持3周左右，慢慢地痛苦的感觉就会消失，再坚持一段时间，就会让静坐成为伴随终身的习惯。

二、不能急于求成

静坐最忌讳的就是急于求成。千万要记住"自然"二字，刚刚开始练习时，不要一下子给自己定一个太高的目标，要量力而行。比如静坐本来可以消除疾病，增进健康，但这种要求除病的念头在静坐时应该摒弃，一切随其自然。静坐靠的是日积月累，身心的变化靠的也是日积月累，和食物的营养同理，不温不火最好，一旦产生贪的念头就会导致心有执念，气血也会随着执着的心理形成阻滞和堵塞，所以我们只要坚持静坐练习，那就一定能收获健康。尽管练习的速度不快，但是一直在前行，意志力也会达到一个前所未有的高度。强大的意志力对自己应对各种各样的事情都是很有好处的。

三、屏蔽外界

静坐时非常讲究排除杂念，一心练习。静坐时一切勿理，是静坐过程中追求内心宁静和专注的理念。在静坐时，尽量不理会外界的声音、光线等干扰因素。这就像是在自己的内心世界周围竖起一道屏障，让外界的纷扰无法轻易地侵入。面对外界的干扰，以及内心不断产生的各种杂念，宜收视返听，不问不闻，只管自己用功，养成"泰山崩于前而色不变"的气概最好。通过不理会杂念，我们可以将注意力集中在一个点上，比如呼吸或者身体的某个部位，从而提升专注力。并且，在这个过程中，我们也能够更加敏锐地觉察自己的思维和情绪。就像在平静的湖面上，更容易看到泛起的涟漪一样，当我们排除了干扰，就能更好地觉察自己内心的细微变化。

四、痛改习气

我们身上或多或少会存有很多不良的习惯或作风，年龄越长积存在身上的不良习惯就越多，比如贪欲、懒散、骄慢等，这时候我们就要将静坐作为克服身上这些毛病的好办法，和它们抗争并逐步克服。

五、平淡地对待静坐时自己的变化

静坐到一定时间，我们的身体会发生各种各样的变化。比如：身体发

生颤动或者有发热的感觉，脑部也常常会有震动的现象；有的人心理上也可能出现幻境。这些现象，因各人的体质和心境而有所不同，不可强求，也不可遏抑。它们不过是由于静极生动而引起的生理和心理上的变化反应。没有什么神秘可言，不必惊慌。无论在哪个阶段，学习静坐的人都应该保持不追求、不好奇、不执着的状态。

总而言之，练习静坐时，要坚定一种决心，按部就班，遵照静坐的规则来逐步进行。生活中，很多人虽然想练习静坐，但是总感觉抽不出时间，所以三天打鱼，两天晒网，真正获得静坐效果的人并非多数。希望大家都能按照静坐的方法一步一步去练习，最终达到静坐的理想境界。

静心小贴士

睡前食用含有咖啡因、酒精等刺激性成分的食物或饮料，会影响神经系统，导致大脑兴奋。例如，咖啡中的咖啡因能够刺激中枢神经系统，使大脑保持清醒状态，即使入睡后也可能会导致多梦。某些药物的副作用也可能引起多梦，如一些抗抑郁药、降压药等。

观

静坐结束观后效

结束调整需按摩

内连五脏与六腑，风寒暑湿尽皆通。

——[清]佚名

前面我们讲过，静坐前需要有运动和按摩做辅助。我们的身心若要健康，必须动静兼顾。运动及按摩是为使血液循环通畅、气脉运行活泼、肌肉和神经松弛，如此才能身体舒适，即所谓气和而后心平。静坐后也是一样的道理，需要运动和按摩做辅助，否则就会出现练习多、效果甚微的现象。

打坐结束后，准备起身（出定）之前，心里得先有个念头，告诉自己要起来了。接着身体慢慢晃动，双手合十放在膝盖上，然后大幅度地摇动身体，把每个关节都活动开。之后把腿放开，再对全身进行按摩。

按摩的时候，先把手掌搓热，用拇指背轻轻揉按双眼的眼眶，再把搓热的手掌心敷在眼球上。接着用双手按摩脸部、额头、后颈、双耳、双肩、双臂、手背、胸部、腹部、背部、腰部，特别是双臂腋下淋巴结多的地方，还有后腰肾部以及命门的位置，多按摩对身体有好处。之后按摩右边的大腿、膝盖、小腿，再按摩左边的大腿、膝盖、小腿，最后轻轻转动双脚脚踝。

按摩后腰及命门时，应多做摩肾堂（一种道家八卦行功法按摩疗法）的动作。舌抵上腭,闭目内视头顶,两手掌心置肾俞穴处。以鼻慢慢吸气,同时提肛,吸满后闭气不息,两手上下摩擦肾区各120次以上。

按摩小腿时多按足三里穴,一定要按到有酸痛感才会有效,足三里穴对胃肠有很好的调节作用。传统中医认为,按摩足三里有调节机体免疫力、调理脾胃、补中益气、通经活络、疏风化湿、扶正祛邪的作用。

现代人因为生活和工作压力,饮食不规律等,容易肝火上升,导致便秘。在肚脐左、右两侧各3指处,用3个手指稍微用力压下去,压3-5次就有效了。

需要注意的是,这种自我按摩的运动法,必须将注意力集中于掌心或指头。整套按摩约需15分钟,如做得简单些,则3-5分钟亦可做完。经常按以上方法按摩可消除疲劳,让我们的身心感到柔和与舒畅。

坐后调整十八式

如果时间不充裕,可以采用上文所述简单的按摩方法;如果时间充裕,则可选择下面复杂一些的方法。

头顶端正,合眼闭口,以鼻呼吸,舌抵上腭,含胸拔背,两手微曲于小腹前,手心向上,手指相对但不接触,两脚分开略宽于肩,两膝微屈,脚尖向前微微内收,从头到脚节节放松。心静无杂念,意念集中于脐下丹田处,呼吸轻柔调匀。然后依次做下面的动作:

(1)揉发梳头。双手十指分开,微曲,从前发际梳到后发际,共18-36次。

(2)鸣天鼓。两掌心分别按耳,再用双手食指敲风池穴,共18-36次。

(3)旋指捣耳。食指尖轻轻插至两耳外道口,同时内旋,再突然放松,共18-36次。

(4)运目养神。顺时针方向缓慢转动双目9-18圈后,闭目休息,再睁眼远眺片刻;继之按逆时针方向缓慢转动双目9-18圈,闭目休息,再睁

眼远眺片刻。

（5）刮眼明目。两拇指点按太阳穴，再以食指刮上、下眼睑各18次。

（6）捋鼻。用两拇指指关节沿鼻唇沟上下按摩18-36次，可预防感冒。

（7）浴面生华。两掌在面部上下做旋转按摩18-36次，使面部发热。

（8）叩齿固肾。叩打门牙、边牙各18-36次。

（9）搅海吞津。舌在口腔内搅动18-36次，所生津液分2-3次咽下，意送丹田。

（10）按揉肩井。两掌左右交叉按摩肩井穴及其周围，按摩时腰部随着上肢的摆动自由旋转，共18-36次。肩井穴位于肩上，前直乳中，当大椎与肩峰端连接的中点。此式对治疗肩背痛、落枕、举臂困难、甲亢等均有一定疗效。

（11）横摩胸肋。两掌交叉横摩左、右胸肋各18-36次。

（12）正反揉腹。两掌相叠，用掌心旋转按摩腹部，上至剑突，下至耻骨，正反各按18-36圈至腹部发热。

（13）背搓腰际。用两手心同时上下按摩两侧腰际各18-36次。

（14）敲打命门。双手握拳，在自由转腰时，用双拳轮换敲打前后命门（前命门即神阙穴，后命门即肾俞穴），做18-36次。此式强腰壮肾，对消化系统疾病亦有一定疗效。

（15）按摩上肢。右手按摩左上肢。自左肩峰到左手指、由上向下边捋边转，共18-36次，然后点按曲池穴、少海穴、内关穴、合谷穴。再用左手按摩右上肢，方法同前。

（16）按摩下肢。先左后右。两手手指稍分开，自臀部至脚趾向下捋，边捋边转，共18-36次，然后点按足三里穴、三阴交穴、昆仑穴、太溪穴。

（17）摩涌泉。用两掌心分别按摩两脚涌泉穴和脚背18-36次。

（18）全身拍打。用拳或掌在丹田、腹部、胸部、腰部、背部、肩部、头部做轻松而富有弹性的拍打，具有舒筋活络、祛风湿、强筋健骨之功。

站立练习

在练习完静坐之后，还可以去练习站。

站立在佛家里面属于"行立坐卧"四威仪的一种，看似简单，其实奥妙无穷，坚持练习不但可以使我们站得更牢固，还能收摄心神。

站立的时候先两脚并拢，将重心放在涌泉穴上，双手自然垂于身体两侧，掌心向内，然后慢慢闭上眼睛。

接下来进行第二步操作，继续闭上眼睛，重心向前，体会5秒；重心向后，体会5秒；重心向左，体会5秒，重心向右，体会5秒。然后重心分别向左斜前、右斜前、左斜后、右斜后各体会5秒，总体类似于一个米字型的操作。

经过一个阶段的练习，慢慢能把心放在脚上之后，就要进行难度更高的锻炼：把一只脚轻轻抬起，大腿与小腿之间呈90°站立，注意屈膝松胯，之后慢慢闭上眼睛。你会忽然发现简单的站立变得异常困难，你的脚在不断地改变重心，这时一定要保持呼吸均匀，身体尽量放松，将心放在站立的脚上。单腿站立不是靠双眼和参照物之间的协调，而是通过调动大脑神经来平衡身体各个器官。这种练习对我们心神的收摄和身体的健康极有益处。

中国传统医学认为，身体患病与脏腑气血失调密切相关。单脚站立可以很好地引血下行、引气归元，将气血收于肝经的太冲穴、肾经的涌泉穴

和脾经的太白穴，从而有效调节身体的平衡，进而使肝、脾、肾等脏器的功能得到快速增强。

人的脚上有六条重要的经络通过，通过站立，虚弱的经络会感到酸痛，同时得到锻炼，这些经络对应的脏腑和它循行的部位也能相应调节。站立可以使意念集中，将人体的气血引向足底，对于高血压病、糖尿病、颈腰椎病等诸多慢性疾病有显著疗效。同时还可治疗失眠、小脑萎缩，并可预防梅尼埃病、痛风等许多病症，对于足寒症更是效果奇佳。

针对单脚站立，现代医学研究人员已经整理出一套以立稳定不移动的时间来判断老化程度的指标。测定标准为：30-39岁男性为9.9秒；40-49岁 男性为8.4秒；50-59岁男性为7.4秒；60-69岁男性为5.8秒。女性比男性推迟10岁计算。站立时间越长，老化程度越慢。

读者日常不妨多练习单脚站立，必会获益无穷。

静心小贴士

"足三里"号称是人体保健第一大穴，从古至今一直为人们所重视。足三里位于小腿外侧，犊鼻下3寸，犊鼻与解溪连线上。简单的定位方法可以是：当我们屈膝时，用手从膝盖外侧的凹陷（犊鼻穴），向下量4横指（3寸），在胫骨前缘旁开1横指（中指）的位置就是足三里穴。足三里是胃经的合穴，《黄帝内经》上讲，所入为合，它是胃经气的必经之处，要是没有它，脾胃就没有推动、生化全身气血的能力。

静坐的反应

食服常温,一体皆春;心气常顺,百病自退。

——[明]蔡清

在静坐中,我们的体内会发生一系列变化,从而产生一些与平时不同的感觉。这些感觉多数是正常的,对人体是有益的。但在某些特殊的情况下,也会出现异常的反应。接下来,我们先来说说正常的反应。

正常反应也可以叫作良性反应,是静坐后由于气血畅通而产生的各种现象,对机体有益。正常反应通常会出现动触现象和效应现象两种情况。

正常反应

(1)动触现象

智𫖮的《童蒙止观》中记载了"痛、痒、冷、暖、轻、重、涩、滑"八种感觉,也称"八触"。这些也是静坐练习中会出现的一些平时没有的特殊感觉。上海气功研究所曾对100例静坐练习者在静坐中产生的特殊感觉进行统计,其中感觉肌肉跳动的有40例、热感者60例、轻感者33例、松感者21例、麻感者19例、冷感者18例、痒感者15例、紧感者9例、

重感者 6 例。

这些感觉多出现在身体的特定部位,且持续时间短暂,出现后常常自行消失。这可能与静坐后气血运行流畅以及大脑入静后的感受性增强有关,对机体没有不良影响,属于正常感觉。所以要顺其自然,千万不可特意助长。

(2)效应现象

静坐后的效应,还表现为某些生理现象,能说明健康状况有所改善。

全身或局部温热出汗。静坐时特定的放松姿势、深长的呼吸、意念的集中、血液循环的增强、末梢血管的扩张,会使四肢和全身的温度上升。很多练习者原来冬季畏寒,静坐后手足变得温热。静坐到一定程度时,意守部位的血流量经测定可增加 30% 左右,皮肤温度可提高 2℃ -3℃,也有人会感觉到热气游走。静坐中有温热感和微出汗现象的人比较普遍。

唾液分泌增多。舌抵上颚,能引起唾液分泌增加。我们前面讲过,静坐中采用腹式呼吸,促进了胃肠活动,也反射性地引起唾液分泌增多。当唾液分泌量增多至满口时,可分 3 口咽下,以意送入丹田。咽津咽气,可以增进食欲,帮助消化,对治疗各种慢性消化性疾病有很好的效果。

肠鸣、矢气、嗳气。练功时由于腹式呼吸增强,膈肌上下运动幅度加大,推动了内脏运动,胃肠蠕动明显增加。故练习者在静坐时往往自己可以听到腹内"咕咕噜噜"的肠鸣音。还有的练习者"放屁"现象增多,或嗳气(打嗝)现象增多。静坐时胃肠的紧张力和蠕动力明显增强,排空时间明显缩短。故对治疗慢性胃肠机能减弱导致的消化不良有良好效果。

食欲增强,食量增加。静坐时的腹式逆呼吸,会直接对腹腔脏器起到柔和的按摩作用,有助于增强食欲。一般练习到一定阶段后,身体瘦弱者

的体重均有不同程度的增加。

新陈代谢的改善。静坐后会感到全身温热，皮肤有光泽，面色红润，毛发、指甲生长比平时迅速，甚至还可白发变黑，即所谓"返老还童"现象出现。

全身舒适，头脑清晰。静坐中由于放松入静，大脑皮层机能活动逐渐进入兴奋集中状态，练习者会感到全身舒适、轻松愉快。练习到入静阶段时，多数人会有头脑清醒、记忆力增强、精力旺盛的感觉。

异常反应

异常反应也可以叫作不良反应。一旦有不良反应，应及时从各方面调整、纠正，如此大约1周后，不良反应即可自行消失。常见的异常反应有下面几种情况。

（1）杂念丛生

症状：练习者如静坐前思虑过重、精神紧张，静坐时会胡思乱想，心烦意乱。初学者出现这种的情况的会比较多。很多初学者静坐时，愈急于入静，愈不能入静，愈想排除杂念，杂念反而愈多，以致精神更加紧张，甚至不能继续练习。

纠正方法：当静坐中杂念丛生时，应顺应自然，不要勉强抑制，或静观杂念出入，一般经过20-30分钟的时间，杂念会逐渐减少。或意守呼吸用数息法，即在练习中默念自己呼吸的次数，也可默念字句，以放松全身。如果还是感觉烦躁不安，可暂停练习，散步片刻，待心情平静后再开始练功。

（2）胸闷憋气

症状：静坐时，有很多因素可能造成胸闷憋气、呼吸不畅。如姿势不当（如收腹挺胸或含胸过甚），勉强追求深、长、细、匀的呼吸，用力气

沉丹田，停闭呼吸时间加长或意守呼吸过重等。

纠正方法： 当上述症状出现时，应迅速找出原因，重新调整姿势，使姿势、呼吸、意念顺乎自然，胸闷等现象即可得到纠正。如挺胸者应调整胸部肌肉放松状态，呼吸过重或闭气时间过长者应改为自然呼吸。

（3）心慌、心跳加快

症状： 少数练习者在静坐中会出现心跳加快的情况，有的偶尔出现，也有的持续时间较长。其原因主要是练功时思想有顾虑，姿势不自然，全身未能放松，呼吸用力或停闭呼吸时间过长。常见于焦虑症或心脏病患者。

纠正方法： 一旦出现了这种症状，应及时解除思想紧张，全身放松，自然呼吸，待心慌平静后，再进行练习。

（4）灼热像火烧

症状： 在静坐过程中，还会出现一种现象：全身或局部突然感觉灼热，就像火烧一样，热流有时上冲或四处流动。这种现象多数会在短时间内消失，其原因可能是入静后对局部内气变化敏感增强所致。

纠正方法： 如果是因内火过盛引起，可两眼先注视鼻尖，再转移注视膻中穴，再将注意力转移至脐、至膝，每部位各注视2分钟，最后注视大敦穴约8分钟，再意守大敦穴约4分钟，可以引火下行。

（5）腹胀、腹肌酸痛

症状： 静坐时出现腹胀、腹肌酸痛的最常见原因是有意鼓腹，追求深长的腹式呼吸或吸气后停闭时间过长，使交感神经兴奋性增强，腹肌紧张，肠胃运动受抑制。

纠正方法： 遇到这种情况时，先改为自然呼吸，减少腹肌的紧张用力，即可消除。如果腹胀明显，要暂停练习，做好腹部自我按摩。

（6）腰酸背痛

症状： 初学者极易出现腰酸背痛的症状，主要原因是姿势不正，未能

沉肩含胸和松腰松腹。还有一种情况是初学者体质虚弱，静坐时间过长，超过了体力支撑的限度。

纠正方法： 遇到此种情况，应暂停腹式呼吸，身体微向前倾，让胸部、腰部肌肉放松休息，再继续练习；如果是静坐坚持时间太久引起的，应将静坐时间缩短到合适的时间，待体力恢复后，再逐渐加长。

（7）昏昏欲睡

症状： 初学静坐者易出现困盹入睡的现象。主要有三个原因，一是意念未能集中；二是由于环境安静，双目微闭，全身放松，思维活动减少，大脑兴奋性减弱，形成了睡眠的有利条件；三是练功前过度疲劳，勉强练功。

纠正方法： 出现昏沉欲睡现象时，可微张双目，或将身体晃动几下，以驱散睡意，振作精神，再继续静坐。如困盹欲睡不易克服，说明已过于疲劳，应停止静坐，安心睡一觉，待醒后疲劳解除时再继续练习。

（8）肢体麻木疼痛

症状： 静坐初学者容易出现这种情况。因内气未充，气血运行尚未畅通，而急于求成，身体可能出现局部麻木或轻微疼痛。如两腿发麻或发胀，甚至浑身酸痛或不安。

纠正方法： 如果麻木疼痛的症状很轻，可以继续静坐，不用刻意理会，待练习一段时间后，气血运行增强，麻木疼痛自会消失。如果未能消失，可暂停静坐，做一下局部活动和按摩。当腿部的麻胀实在不能忍受时，只需轻松地放开双腿，让它慢慢地自然舒畅，练习者会感觉到短暂压迫后新奇而舒服的快感。盘腿需要有吃苦的心，循序渐进地慢慢从单盘过渡到双盘。

（9）发冷发抖

症状： 当身体的气血开始调整时，一些潜藏在体内的寒湿等邪气可能

会被驱赶至体表,从而产生寒冷的感觉。不过这种冷感通常是暂时的,随着静坐的持续和身体的自我修复,冷感会逐渐消失。

纠正方法: 如果不能自行消失,可以加强鼻息法,以鼓动气血流通,或暂停练习,活动一下,待冷感消失后再继续练习。

(10) 头昏、头痛、耳鸣目眩

症状: 静坐中出现头昏、头痛及耳鸣目眩的症状,大概率是由情绪紧张,或勉强用意念导引,气血上涌,或意守部位偏高,或强行呼吸闭气引起。

纠正方法: 应放弃意守,采取自然呼吸,待头部症状消失后,再继续练习。如意守部位过高,应改为意守下丹田或涌泉穴。要注意,高血压病、动脉硬化症、冠心病患者及中老年人静坐,应意守下丹田,不守上丹田。

(11) 生殖机能的反应

静坐时,身体的血液循环会发生变化,气血更加顺畅地运行。当气血充足且运行到身体的下焦部位时,可能引起生殖机能的一些反应,进而引发头昏脑胀、心烦意乱等感觉。

关于静坐中生殖机能反应的调整与对治,最简便而有效的方法就是减少饮食。不过减食与不食烟火,也并不是简单易行的事,如果不明其理而不知运用之妙,因此而患了胃病,则得不偿失,所以建议由专门人员指导。

(12) 背部与肩胛的反应

在静坐的过程中,有人会感觉背部或肩胛部分胀痛,或者有神经紧缩等现象。它的原因有很多,归纳起来主要有两点: 一是气机循督脉——脊髓中枢神经上升的必然现象;二是生理反应病态的。

病态的反应

通常体弱多病或年老的人静坐时会出现这种现象。当他们练习静坐到某一阶段时,就会感觉背部胀痛犹如重压,或腰软乏力疼痛,甚至背部

神经抽搐痉挛。

如果出现上述这些情形，首先必须了解这不是静坐带来的，而是身体已经有了潜伏性疾病的反应。这是值得庆幸的事，因为不经静坐的测验，你还不知道自己身体已经出了问题。及早发现及早治疗，有了这些现象，便须注重医药的治疗以配合静坐，只要具有坚定的信念，度过了这些难关，便自然而然地渐入佳境。

气机的反应

正常健康的身体经过一个阶段的静坐后会自然而然产生背部和肩胛部分发胀刺痛的感觉，甚至好像有一股力量在体内游走，而且意识也会产生潜在的企图，好像觉得必须要冲过去才会轻松愉快，这种现象我们称它为"河车"到"夹脊"的转移，是打通督脉的过程。此时如果不能放松心念，不到浑然"忘身"，就会愈来愈有压力，你的注意力会越来越向背部集中，使脑神经、胃神经愈加紧张，甚至会因过分用力，导致心脏收缩。

如果能够做到浑然"忘身"，沉静无为或者运用智力而抛舍感觉，身体就会豁然松弛，进入心境豁然开朗、精力充沛旺盛的境界。平时弯腰驼背的人也会自然而然地挺直腰杆，开张胸膛。

静心小贴士

适当的力量训练，如举重、俯卧撑、仰卧起坐等，可以增加肌肉。肌肉在身体的新陈代谢中起着重要作用，更多的肌肉意味着更高的基础代谢率，有助于身体更好地抵御疾病。此外，力量训练还能增强骨骼密度，改善身体的整体健康。

静坐效果的判断标准

练习静坐没有任何捷径可言，也没有人能在短时间内取得成就。静坐，需要的是耐心、持久和努力，这个过程可能要付出很多努力与很长时间。精神境界的提升基于持续的静坐修行。就像建造高楼大厦需要一砖一瓦地积累一样，静坐的效果也是通过一次次的练习、一次次的内心探索累积起来的。

比如双盘必须日复一日地练习，一点点拉伸腿部的肌肉、韧带，才能慢慢达到比较稳定的姿势。如果试图走捷径，比如强迫自己快速完成动作，很可能会出现腿部肌肉拉伤、关节疼痛等问题。

要想在静坐上有进步，必须为自己制定一些训练的规则。适当的训练规则对于静坐者持久进步至关重要。在制定规则时，一定要根据自己的节奏，不能太紧，也不能太松，不要失去感觉上的协调。

那么如何判断静坐有效果呢？我们比较容易觉察的是身体的变化，但精神的进步却不容易评估。我们可以参考这样的测量标准：快乐、安详与宁静的时刻增加，而扰乱、沮丧、烦恼、忧虑的情形减少，这时就有了真正进步。

再细化一些，我们可以参考以下标准：

1. 身与心融，浑然一体

身体在哪里，心就在哪里；身体在做什么，心就在做什么——身心不可分离，身心须一致。在日常生活中，下面这些情况都是身心一致的表现：在厨房中做饭，手在动，心也专注在做饭上，头脑里没有其他的杂念；打羽毛球时，眼看着球，手举着球拍，退后前进，左右移动，上下观察，专注而愉悦，这些行为都是日常生活中身心合一的表现。

2. 眼与意合，灵犀相通

俗话说"眼睛是心灵的窗户""眼为心之苗"，眼睛和心灵之间联系紧密，眼睛最能直接和准确地表现的内心变化。

因此在日常生活中要着力锻炼自己的眼睛和心神相配合，经过一段时间的努力，你的眼神会发生变化，你心中的正能量也会无形中传染给周围的人。

3. 心言同轨，表里如一

经常练习静坐的人不会轻易做错事、说错话。一个人心口合一，其行为就会受内心信念的驱动。

静心小贴士

菊花茶有一定的镇静安神作用。它含有黄酮类化合物等成分，能够帮助减轻焦虑，使人感到放松。可以在睡前 1-2 小时喝一杯温热的菊花茶。蜂蜜含有葡萄糖，它可以为大脑提供能量，同时促使大脑分泌血清素。睡前喝一杯温水冲调的蜂蜜（约 1-2 勺），可以缓解神经紧张，促进睡眠。

附录：静坐诗抄

望湖亭坐月

树迥笼烟合，湖平印月空。片砧传远谷，一鸟度高风。妙悟世情外，真机独坐中。物交吾不役，转觉此身雄。

静坐

静坐杳无念，临流望远天。浪花圆复破，云气断还连。狎水轻鸥去，摩空野鹳还。如何此时意，不得向人传。

山中杂诗

开窗北山下，日出竹光朗。楼中人兀然，鸟雀时来往。晏坐不觉瞑，明月上东阁。相对两悠然，时闻木叶落。寒风客衣薄，依岩曝朝旭。坐久不知还，山童报黍熟。时穿深竹坐，翠叶密于室。落日照前山，松间一僧出。

新秋

淡淡秋光点晚庭，新凉闲望远山青。性情偏觉乡居好，四壁虫声趺坐听。心传一句静中参，趺坐山门对夕岚。平淡生涯还自得，秋灯深夜共僧谈。

觉庵

念起则为凡，觉之则为圣。人言此为觉，此觉未真正。但了一切空，圣凡皆幻影。宴坐不言中，心波如古井。

独坐

频向心头认故吾，太虚云海月模糊。公余独坐真堪笑，天下本来一事无。

山中立秋日偶书

风吹蝉声乱，林卧惊新秋。山池静澄碧，暑气亦已收。山峰出白云，突兀成琼楼。袒裼坐溪石，对之心悠悠。倏忽无定态，变化不可求。浩然发长啸，忽起双白鸥。

寒山子诗

岩前独静坐，圆月当天耀。万象影现中，一轮本无照。廓然神自清，含虚洞玄妙。因指见其月，月是心枢要。

高高峰顶上，四顾极无边。独坐无人知，孤月照寒泉。泉中且无月，月自在青天。吟此一曲歌，歌终不是禅。

咏怀

尽日松下坐，有时池畔行。行立与坐卧，中怀澹无营。不觉流年过，亦任白发生。不为世所薄，安得遂闲情。

夜坐庵前

人定鸟栖息，庵前聊倚栏。徘徊明月上，正在修篁端。清影冰玉碎，疏音环佩寒。脩然耳目静，觉此宇宙宽。人生甘物役，汩没红尘间。晏坐得俄顷，境幽心已闲。谅能长无事，自可驻朱颜。所以学道人，类多隐深山。

静坐冥想引导词

　　寻一处静谧的空间，选择舒适的坐姿坐于垫子上，眼睛看向正前方，翻转双手，掌心向上，两手圈结，两拇指轻轻相接，结成圆圈形，轻轻平置于大腿上。保持腰背挺直，让脊柱自然延展，仿佛有一股力量自头顶向上牵引，同时沉稳地与大地相连。

　　这场身心之旅将从头顶开始，用心灵去探索自我的世界。轻轻合上双眼，将注意力凝聚于自身。首先，感知头皮的每一寸肌肤，头皮的紧绷感随每一次呼吸缓缓消散，直到彻底放松。

　　接着，把注意力移至额头，舒展额头肌肉。再来放松眼睛，让沉重的双眼仿若被温柔之力包裹。

　　伴随平缓的呼吸，继续放松脸颊的肌肉，嘴角微微上扬，绽出甜甜的微笑。这微笑就是一束光，照亮内心的每一个角落。

　　此刻，觉察你的颈部，释放颈部积聚的压力，让它轻松地支撑头部，宛如坚实又柔软的支柱。

　　将注意力带至肩膀，感受肩膀的重量，随着呼气，让肩膀自然下沉，如同卸下无形的重担。

　　沿着手臂，感受每个关节的放松，手指微微分开，想象树枝在和煦的阳光中自然舒展。

　　注意力回到胸口，感受胸部随呼吸起伏。将意识专注于腹式呼吸，抛开所有的烦恼与杂念，用鼻孔深深地吸气，将新鲜的气息填满腹腔，带来活力与宁静，小腹微微鼓起；缓缓地呼气，小腹向内收起，释放所有紧张与疲惫，根据自己的气息找寻自己的感觉。

再将注意力转移到背部，从脊柱顶端直至尾椎，感受背部肌肉如柔软的绸缎般……

此刻，你的整个身体已深深沉浸在放松之中。想象自己身处广袤无垠的草原，湛蓝的天空中飘着棉花糖一样洁白的云朵。微风轻拂，空气中弥漫着清新的草香。

你静坐在这片草原的中央，每一次呼吸，都与草原的气息交融在一起。

在这片宁静里，抛开一切杂念与烦恼，让内心如平静的湖面，毫无波澜。你只需专注于当下的感受，感受身体的放松，感受草原的壮美。

你的整个身体从头顶到脚底，从皮肤到骨头，从神经系统到消化系统，都能从静坐中受益。